언어생활과 화법

저자 김진호(金鎭浩)

　　문학박사(국어학)
　　가천대(嘉泉大) 리버럴아츠칼리지 교수

[저서 및 연구논문]
『국어 특수조사의 통사·의미 연구』(역락, 2000)
『언어와 문화』(역락, 2001)
『한국문화 바로 알기』(공저, 국학자료원, 2002)
『우리말답게 번역하기』(공저, 역락, 2002)
『언어학의 이해』(역락, 2004)
『재미있는 한국어 이야기』(박이정, 2006)
『외국어로서의 한국어학 개론』(박이정, 2008)
『외국인을 위한 한국어문법-의미·기능편』I (공저, 박이정, 2010)
『외국인을 위한 한국어문법-의미·기능편』II (공저, 박이정, 2010)
『외국인을 위한 한국어문법-중국어 버전』(공저, 역락, 2010)
『한국어학의 이해』(공저, 역락, 2010)
『외국인을 위한 한국문화』(상) (공저, 역락, 2011)
『읽고 찾아가 보는 한국문화』(지식과교양, 2012)
『생활 속 글쓰기의 어문규범』(박이정, 2012)
『한국어 지식의 이해와 탐구』(박이정, 2014) 외 다수의 논문

언어생활과 화법

초판 인쇄 2018년 8월 25일
초판 발행 2018년 8월 30일
지은이 김진호
펴낸이 이대현
편 집 박윤정
디자인 안혜진
펴낸곳 도서출판 역락
　　　　서울시 서초구 동광로 46길 6-6(문창빌딩 2F)
　　　　전화 02-3409-2058(영업부), 3409-2060(편집부)
　　　　팩시밀리 02-3409-2059
　　　　이메일 youkrack@hanmail.net
　　　　홈페이지 www.youkrackbooks.com
　　　　등록 1999년 4월 19일 제303-2002-000014호
ISBN 979-11-6244-224-1 03710

언어생활과 화법

김 진 호

역락

말과 글이 곧 그 사람(교양, 인격)이고, 마음과 생각(사고)의 웅덩이에서 말과 글이 샘솟는다. 따라서 '사고' → '말·글' → '사람'의 순환구조가 형성된다.

말·글을 활용하는 인간의 언어생활은 누군가를 향하고 있다. 어떤 이의 언어는 희망과 긍정의 힘을 주지만 또 다른 어떤 이의 언어는 절망과 부정의 힘(?)을 주기도 한다. 그리고 그 결과는 이미 우리 자신의 마음과 생각에 뿌리를 두고 있다.

성공적 삶을 위해 진리를 탐구하고 전문 및 교양 지식을 쌓아야 하듯 원만한 인간관계와 사회생활을 위해 긍정적 사고와 언어생활을 습관화해야 하지 않을까?

오늘날 현대인의 언어생활은 어지럽다. 비어와 속어, 욕설을 제외하면 말을 할 수 없다는 공익광고가 이를 증명하고 있다. 어문 규범을 몰라 잘못 쓰는 말에 최근 확산되는 '급식체' 말투까지 우리말과 글을 병들게 하고 있다.

언어와 사고의 관계에서 우리의 말과 글은 우리 민족의 사고(얼)와 연결된다. 우리의 생각이 어지러울 때 우리말과 글이 어지럽고, 말과 글이 어지러우면 우리의 사고 또한 어지러워지는 악순환이 반복된다. 그러기에 우리 선조들은 우리말과 글을 갈고 닦는 데 얼마나 많은 수고를 아끼지 않았던가.

말과 글의 힘은 위대하다. 그 힘으로 우리의 인격을 높이고 바람직한 전문인, 교양인이 되자. 나 자신을 아끼고 사랑하듯 내 주위의 모든 이들에게 희망과 용기를 줄 수 있는 건강한 언어생활을 실천하기를 바란다.

2018년 8월

김진호

차례

언어생활의 힘과 표기

언어생활의 힘과 대화

언어생활의 힘과 표기

현대인과 언어생활

수강의 목적을 인식하자!

지금 많은 학생들이 '현대인의 언어생활'을 수강하기 위해 앉아 있다. 2시간의 16주 수업이 학생들에게 유익하기 위해서는 강의의 여러 요소(강의 내용과 방법, 과제 등)들이 수강의 목적과 일치해야 한다. 다음 세 가지 질문의 답변을 통해 수강의 합목적성을 찾아보자.

① 이 강의를 신청한 이유는 무엇인가?

_____

_____

_____

② 이 강의를 통해 얻고자 하는 것은 무엇인가?

_____

_____

_____

③ 강의 계획서의 학습 내용과 과제 그리고 강의 방법 등이 문항 ①, ②의 답변에 부합하다고 생각하는가?

_____

_____

_____

탐구의 대상을 인식하자!

1 인간과 언어

철학자 아리스토텔레스는 인간을 사회적 동물로 정의하고 있다. 그러면 사회적 동물로서의 인간이 제 역할을 수행하기 위해 필요한 것은 무엇일까? 우리는 '언어'라고 생각한다.

① 다음은 인간의 학명(學名) 중 일부이다. 각각의 의미에 대해 생각해 보자.

- 호모 폴리티쿠스 (Homo politicus)
- 호모 사피엔스 (Homo sapiens)
- 호모 루덴스 (Homo ludens)
- 호모 파베르 (Homo faber)

② 우리말 '사람'은 한자어 '인간'에 해당한다. '인'(人)의 상형 원리와 '간'(間)의 의미 속에는 사회적 동물로서의 특성이 반영되어 있다.

설 명	
'人'	 두 획이 서로 받쳐 의지하는 모습
'間'	관계

③ 　호모 로퀜스 (Homo loquens)　는 인간의 어떠한 특징에 주목한 학명일까?

2 언어와 생활

우리의 연구 대상인 언어는 일상생활에서 자주 듣고 사용하는 단어이다. 다음과 같이 다른 단어와 결합하여 새로운 단어(합성어)를 형성하기도 한다. 때로는 구(句)의 일부분으로 언어의 여러 가지 모습을 표현하기도 한다.

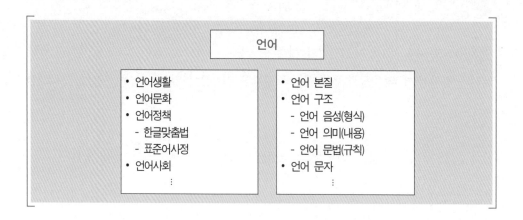

"언어는 ◻️이다."라 할 때, ◻️에 들어갈 내용을 생각해 보자.

위에 제시한 표현 중, '언어'와 가장 잘 어울리는 단어는 '생활, 문화'이지 않을까? 곧, 언어는 인간 생활의 가장 기본적인 요소이며, 특정 문화의 중핵적인 부분이기 때문이다.

사회적 동물로서 인간은 사회생활을 해 나간다. 가정에서는 가족들과 더불어 지내고, 학교와 직장에서는 다양한 사람들과의 관계를 형성하며 지낸다. 이 과정에서 우리는 언어(말, 글)라는 도구를 활용한다.

● 음성언어의 활용: 대화(듣기·말하기), 회의와 토론, 설명과 보고, TV·라디오 및 안내 방송 등

● 문자언어의 활용: 메일, 문자 발송(쓰기·읽기), 과제, 보고서 작성, 독서, 공공 게시물 내용 등

⌐ '언어'에 대한 배경지식을 활성화하자!

본격적인 강의 수강에 앞서 '언어'에 대한 수강생들의 배경지식을 활성화해 보자. 다음의 뇌구조 그림에 '언어'에 대해 떠오르는 것들을 정리해 보자.

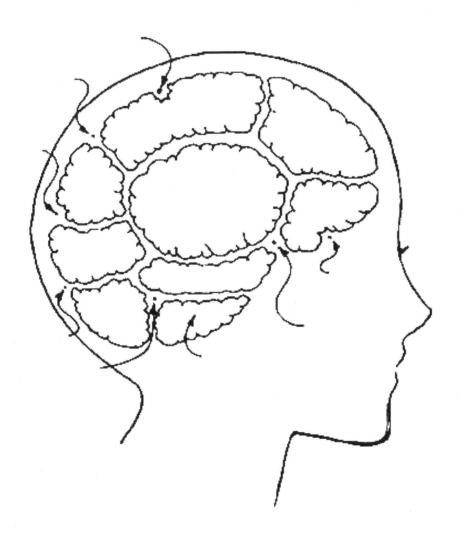

○○○ 교수의 '언어'에 대한 뇌구조는 다음과 같다!

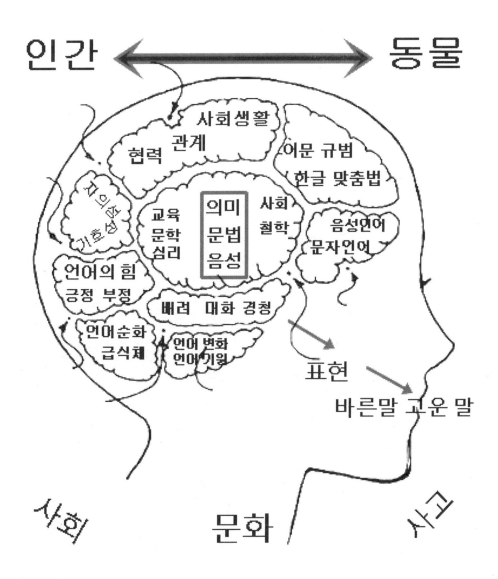

[둘째 마당]

언어의 본질

마당 열기

온 땅의 언어가 하나요 말이 하나였더라 이에 그들이 동방으로 옮기다가 시날 평지를 만나 거기 거류하며 서로 말하되 자, 벽돌을 만들어 견고히 굽자 하고 이에 벽돌로 돌을 대신하여 역청으로 진흙을 대신하고 또 말하되 자, 성읍과 탑을 건설하여 그 탑 꼭대기를 하늘에 닿게 하여 우리 이름을 내고 온 지면에 흩어짐을 면하자 하였더니 여호와께서 사람들이 건설하는 그 성읍과 탑을 보려고 내려 오셨더라 여호와께서 이르시되 이 무리가 한 족속이요 언어도 하나이므로 이같이 시작하였으니 이 후로는 그 하고자 하는 일을 막을 수 없으리로다. 자 우리가 내려가서 거기서 그들의 언어를 혼잡하게 하여 그들이 서로 알아듣지 못하게 하자 하시고 여호와께서 거기서 그들을 온 지면에 흩으셨으므로 그들이 그 도시를 건설하기를 그쳤더라 그러므로 그 이름을 바벨이라 하니 이는 여호와께서 거기서 온 땅의 언어를 혼잡하게 하셨음이니라 여호와께서 거기서 그들을 온 지면에 흩으셨더라.

- 『구약성경』, 창세기, 제11장 제1절-제9절

영화 <컨택트>는 '외계 생명체의 언어'를 중심으로 소통의 의미를 생각하게 한다. 영화는 세계 전역이 외계 우주선 쉘(shell)의 등장에 떠들썩하는 장면으로 시작한다. 외계인들은 18시간마다 쉘을 열어 인간에게 무언가를 전하고자 한다. 이 과정에서 언어학자 루이스(에이미 아담스)와 물리학자 이안(제레미 레너)은 외계인이 지구에 온 목적을 밝히기 위해 외계인의 언어 체계를 파악하며 소통하려 노력한다.

"언어는 자의적 음성기호의 체계로서, 이것을 통해 사회집단의 성원 상호간에 서로 교섭한다."

- 블로흐·트래거(Bloch·Trager)

● 한 줄 생각: _____

마당 들어가기

1 언어의 기원

인간은 언제부터 언어를 사용했을까? 음성언어와 문자언어의 기원을 밝힐 객관적 자료를 떠올려 보자.

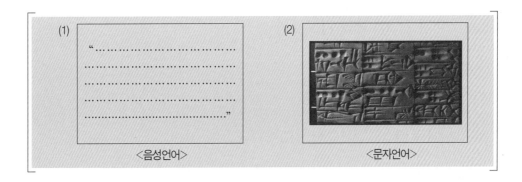

음성언어의 기원을 증명할 자료는 없지만 문자언어의 기원을 밝힐 자료는 있다. (2)는 B.C 3,000년 경, 메소포타미아 수메르 인이 사용한 설형문자(쐐기문자)이다(수메르인의 문자는 초기 그림문자에서 음가를 부여한 상형문자로 발전하는데, 그림의 생략화가 진행되면서 선형문자를 거쳐, 곡선이 전혀 없는 직선과 쐐기만으로 이루어진 설형문자로 발전한다. 전정례·김형주, 2002:20).

그렇다면 인간의 음성언어의 기원은 밝힐 수 없을까? 인간(문화)과 언어의 연관 관계를 전제한다면 그 간접적 추론은 가능하다. 인간 진화론의 중심에 언어 발생에 관한 문제가 있기 때문이다.

1. 언어의 기원에 대한 관심

> • "언어의 본질 기원에 관한 철학적 의문은 존재의 본질 및 기원에 관한 의문과 같이 오래다."
> - 카시러(Cassirer)
> • "언어학상 이 문제만큼 여러 학자에 의하여 광범위하게 논술된 것은 없다."
> - 휘트니(Whitney)
> • "언어의 기원 즉, 언어진화의 본원은 언젠가는 해결되어야 한다."
> - 예스페르센(Jespersen)

카시러, 휘트니, 예스페르센 등 언어학자들은 '언어의 기원'을 밝히려는 논의가 오래 전부터 있어 왔고 반드시 해결해야 할 중요한 문제임을 언급하고 있다.

2. 언어의 기원에 대한 가설

①

• "태초에 언어가 있고, 이 언어는 신과 더불어 존재한다."
• "신이 천지의 자연현상에 이름을 붙여 주었으니 빛을 낮(Jom), 어두움을 밤(Lajil), 하늘을 천(SamaJim), 마른 땅을 지(Eres), 많은 물을 바다(Jammim)라고 하였다."
• 'The Tower of Babel'

↕

②

• 인간의 감정을 표현하기 위해 언어가 필요하였다.(pooh-pooh theory)
• 어렵고 힘든 일을 협력하기 위해 언어가 필요하였다.(yo-he-ho theory)
• 자연 현상에서 일어나는 소리를 모방하기 위해 언어가 필요하였다.(bow-wow theory)
• 모든 사물에는 고유한 소리가 있는데, 그 고유한 소리를 표현하기 위해 언어가 필요하였다.(ding-dong theory)

고대 철학자들은 철학적 의문으로써 언어의 기원을 인간 존재의 본질과 연결시키면서 '구약성경'의 내용에 주목하였다. 철학자들은 신이 언어를 창조하여 인간에게 선물로 주었다고 주장한다. 이를 '자연설'(선물설)이라 한다.

그러나 철학자들의 종교 중심적 사고에서 벗어나 인간 중심적 사고에서 언어의 기원을 생각하는 사람들도 있었다. 그들은 인간이 정신 심리 작용, 추상 작용, 지적 활동을 위해 언어를 발명하였다고 주장한다. 이를 '인위설'(발명설)이라 한다.

3. 언어의 기원에 대한 과학적 접근

19세기의 진화론은 인류의 진화 과정에서 언어의 기원을 밝힐 새로운 가능성을 열어 주었다. 언어의 기원은 인류의 기원과 맞물려 있기 때문이다.

> • 진화 과정 중, 언어 기원을 추론할 수 있는 두 가지 전제
> ① 다양한 분절음을 낼 수 있는 음성기관의 진화 시기
> ② 언어의 의미를 학습할 수 있는 두뇌(용량)의 진화 시기

위의 전제가 타당하다면 우리는 ①과 ②를 확인하는 것으로 인류와 언어의 기원을 밝힐 수 있다. 인류사에서 최초의 인류는 500만~300만 년 전의 오스트랄로피테쿠스이다. 그 뒤를 약 200만 년~40만 년 전의 호모 에렉투스와 40만 년~4만 년 전의 호모 사피엔스(네안데르탈인)가 잇는다. 그리고 약 4만 년 전에 현생 인류의 직접적인 조상인 호모 사피엔스 사피엔스(크로마뇽인)가 출현한다.

진화론자들은 직립 보행의 결과 말을 할 수 있는 인간의 신체 조건이 형성되었다고 주장한다. 곧, 성대가 있는 후두가 하강하여 소리를 낼 수 있는 공간이 생겼다는 것이다 (①의 진화 시기: 호모 에렉투스).

언어가 의미를 전달한다는 점에서 두뇌(지능)와 밀접한 관련이 있다. 현대 과학은 인

간의 두뇌에 언어를 이해하고 표현하는 영역이 있음을 밝히고 있다(언어 표현을 담당하는
부분이 브로카 영역, 언어 이해를 담당하는 부분이 베르니케 영역이다). 이 영역들이 언어의 정보를
교환하고 소통이 가능하기 위해서는 필요한 만큼의 두뇌 용량이 충족되어야 한다(②의
진화 시기: 호모 사피엔스 사피엔스).

결국 호모 에렉투스가 기본적인 음성기관을 갖추었지만 아직 덜 진화된 돌출형의 구
강으로 인한 한계가 있었을 것이다. 그렇기에 진화 과정을 더 거치고 두뇌 용량이 커지
면서 언어를 온전히 구사하지 않았을까 한다. 따라서 ①과 ②의 두 가지 전제 조건에
따라 언어의 기원은 현생 인류가 출현한 시기로 보는 것이 타당하다.

실제 지금의 인간과 비슷한 두뇌 용량을 가진 인류가 크로마뇽인이다. 아래 표에서
보듯 오스트랄로피테쿠스와는 약 3배의 차이가 난다.

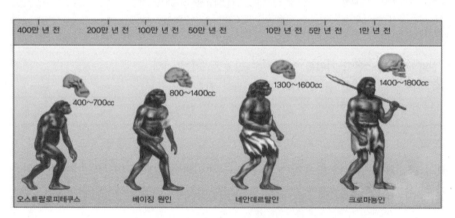

http://terms.naver.com/entry.nhn?docId=1624812&cid=47307&categoryId=47307

4. 언어의 기원에 대한 본질

지금까지 언어의 기원을 밝히려는 여러 시도들이 있어 왔다. 자연설과 인위설은 과학
적 근거를 찾기 어렵고, 진화 과정으로 언어의 기원을 설명하는 것도 언어학 고유의 영
역을 벗어난다. 이에 언어학자 팔머와 방드리예스 그리고 프랑스 언어학회는 다음과 같
이 주장, 결정하였다.

- "언어의 기원에 관하여 상상을 많이 꾀하는 것은, 결코 우리들이 의미하는 언어과학의 긴요한 부분이 아니다. (중략) 언어학이 흥미를 지니고 연구하는 본원의 대상은 문자에 기록된 구체적 언어 및 이 자신이 현재에 나타나 눈과 귀로 연구할 수 있는 언어적 행동이다."
  - 팔머(Palmer)
- "언어의 기원이라고 하는 문제는 실은 언어학상의 문제는 아니다. 이 근본적 진리를 무시하고 각 국어의 기원을 밝힘으로써 일반 언어의 기원을 밝히려고 하는 데 종래의 학자의 과오가 있다."
  - 방드리예스(Vendryes)
- "본회는 언어의 기원에 관한 어떠한 논문 발표도 채택하지 않는다."
  - 프랑스 언어학회 회칙 제2조

2 언어의 정의

'언어란 무엇인가?' 이 질문의 정답을 얻기 위해, 다음 상황을 가정해보자.

1. 음성언어 활용 사례

[상황1]은 교수의 인사말에 학생1은 다른 생각을 하고, 학생2는 자신의 생각을 표현하고 있다. 두 학생의 반응은 달랐지만 언어를 도구화하고 있음은 같다. 즉, 학생1은 '생각'의 수단으로, 학생2는 '표현'의 수단으로 언어를 활용하고 있다.

2. 문자언어 활용 사례

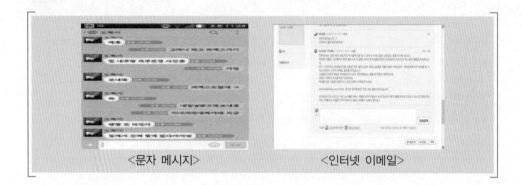

| <문자 메시지> | <인터넷 이메일> |

[상황2]는 과제 제출과 성적 문의로 교수와 학생이 문자와 이메일을 주고받고 있다. 교수와 학생이 정보를 주고받으며 소통하는 도구는 언어이다. [상황1]이 음성언어, [상황2]는 문자언어를 활용하고 있다.

3 언어의 특징

'언어가 의사소통의 수단'이라는 정의는 인간의 언어를 충분히 설명하지 못한다. 왜냐하면 동물도 의사소통 수단으로서 언어를 구사하기 때문이다.

① 개, 소 등의 의사소통 방법 　• 고유한 소리, 냄새 이용	② 꿀벌의 의사소통 방법 　• 춤의 모양, 춤의 속도 조절
③ 개미의 의사소통 방법 　• 화학물질 '페르몬'을 통한 냄새	④ 돌고래의 의사소통 방법 　• 초음파를 이용한 청각

①~④의 동물들도 다양한 방법으로 의사소통을 한다. 우리는 이를 '동물의 언어'라 한다. 그러나 이들의 언어는 특정 상황에 대한 자동적이고 본능적인 반응에 불과할 뿐이다(개나 소 등의 동물들이 유창하게 짖어도 "나는 가난하지만 정직하게 살 것이다."고 표현할 수는 없다).

그렇다면 인간의 언어가 가진 특징은 무엇이며, '한국어·일본어·중국어·영어' 등을 '언어'로 묶을 수 있는 근거는 무엇일까?

1. 언어의 □□□

다음 여러 형식들이 지니고 있는 내용을 알아보자.

형식			$ax^2+bx+c=0$	[san]
내용				

우리는 어떠한 뜻을 나타내는 부호, 문자, 표지 따위를 '기호'라 한다. 기호는 '형식'과 '내용'을 구성요소로, 자연적 기호와 인위적 기호로 구분된다.

인간의 언어는 형식과 내용을 갖춘 가장 대표적인 기호이며, 그 기호(음성과 문자)는 완벽한 체계를 형성한다.

2. 언어의 □□□

기호로서의 언어는 형식(음성)과 내용(의미)의 관계가 자의적이다. 언어 이외의 기호들은 이 둘의 관계가 필연적인 반면 언어 기호는 그렇지 않다. 전자는 내용과 형식이 거의 정형화되어 있어 소통에 어려움이 없다. 후자는 특정한 의미를 나타내는 음성이 매우 다양하다('화장실'을 의미하는 시각적 기호는 세계 어디나 비슷하다. 그러나 언어 기호는 나라마다 다르다. 이에 언어 통역이 필요하다).

27

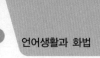

또 다른 예를 하나 더 들어보기로 하자.

음성:의미 관계	음성(형식)	의미(내용)
(1) 필연적 관계	[saːram]	
(2) 자의적 관계	?	'생각을 하고 언어를 사용하며, 도구를 만들어 쓰고 사회를 이루어 사는 동물'

(1)은 '사람'을 의미하는 음성 기호가 [saːram] 한 가지인 경우이고 (2)는 '사람'의 음성 기호가 나라마다 다른 경우이다. 실제 [rén](중국어), [hitó](일본어), [mæn](영어)으로 나타난다.

언어의 자의성은 객관적으로 동일한 동물 소리(개 짖는 소리)가 'məng-məng, wang-wang, bow-wow' 등 여러 음성 기호로 표현된다는 사실로도 확인이 가능하다.

결국, 동일한 의미의 개념어를 서로 다른 형식으로 부른다는 것은 음성과 의미의 관계가 자의적이기 때문이다. 즉, 우연한 계기에 한국어, 중국어, 일본어, 영어에서 현재와 같은 음성으로 기호화하였다고 설명할 수밖에 없다.

3. 언어의 □□□

언어의 음성과 의미가 자의적 관계에 있다 해서 남들이 이해할 수 없는 명명(命名)을 허용하지는 않는다. 언어는 언중들이 지켜야 하는 약속 체계이기 때문에 개인이 음성과 의미 관계를 자의적으로 바꿀 수 없다.

(1) 학생들이 강의실에 앉아 책을 보고 있다.

예문 (1)은 한국어의 사회적 약속을 따르고 있어 표현과 이해에 어려움이 없다.

그런데 누군가가 한국어의 약속을 무시한 채, '학생'을 [가방]이라 부르고, '강의실'은 [화장실], '책'은 [볼펜]으로 명명하면 어떻게 될까?

    (2) '가방'들이 화장실에 앉아 볼펜을 보고 있다.

이 문장의 의미를 파악할 수 있는 사람은 오직 발화자뿐이다. 혹여 단어의 대응 관계를 알아도 의미 파악은 마치 암호 해독 과정에 가깝다. 최근 청소년이 사용하는 '급식체'를 받아 본 어른들은 그 의미를 파악할 수 있을까?

4. 언어의 □□□

언어를 살아있는 유기체에 비유한다. 언어는 시간의 흐름 속에서 '생성-성장-소멸'의 과정을 거치는데 이러한 언어의 성질을 '역사성'이라 한다.

    (1) 나·랏:말쏘·미中듕國·귁에달·아,文문字·와·로서르스뭇·디아·니홀·씨
       ··· ·내·이·롤爲·윙·ᄒ·야어엿·비너·겨,새·로·스·믈여·듧字·쫑·롤
       밍·ᄀ노·니, ··· 수·ᄫᅵ니·겨·날·로쑤·메 便뼌安한·킈ᄒ·고·져훓ᄯᆞ르·
       미니·라.
    (2) 나라의 말이 중국과 달라 문자로 서로 통하지 아니하기에 ··· 내 이를 위하여 불쌍
       히 생각하여 새로 스물여덟 글자를 만드노니 ··· 쉽게 익혀 날마다 사용함에 편안
       하게 하고자 할 따름이니라.

(1)은 15C 한국어 표기법을 따르고, (2)는 현재의 표기법을 따르고 있다. 표기법뿐만 아니라 음운, 문법, 의미 영역에서 다양한 변화를 확인할 수 있다.

언어의 변화는 'ᄀ룸, 온, 즈믄' 등이 '강(江), 백(百), 천(千)'으로 바뀌고, 외국과의 문화 교류로 '버스, 껌, 라면' 등 외래어가 유입되고, '멘붕, 열공' 등 신조어가 생겨나는 것으로도 확인할 수 있다. 그리고 표준어로 인정받지 못했던 단어들이 표준어의 자격을 얻기도 한다.

- 2011년 사정: 맨날(만날), 나래(날개), 내음(냄새), 짜장면(자장면) 등
- 2014년 사정: 삐지다(삐치다), 개기다(개개다), 허접하다(허접스럽다) 등

5. 언어의 □□□

인간과 동물 언어의 가장 큰 차이점은 무한한 언어 생성의 가(可)·부(不)이다. 동물은 선천적인 몇 마디의 비분절음으로 한정된 언어를 구사할 뿐이다. 그러나 인간은 그렇지 않다.

(1) 인간이 구사할 수 있는 문장의 수	∞	무한
(2) 문장을 구성하는 단어의 수	최대 약 50만 개	유한
(3) 문장을 구성하는 음운의 수	최대 40개	

한국어는 40개의 음운, 약 50여만 개(1999년 '표준국어대사전' 발간 당시 50여만 단어가 수록되었다.)의 단어로 한정된다. 그러나 실제 언어생활에서 이것으로 표현하지 못하는 문장은 없다. 인간의 언어는 무한한 창조성을 지니고 있다.

언어의 창조성은 비슷하게 반복되는 일상 속 언어생활이 고정화되어 있지 않고 다양하게 실현된다는 사실에서 확인할 수 있다. 지금 강의 내용의 표현 또한 지난 강의와 동일하지 않다.

다음 시각적 자료를 보고 문장을 만들어 보자.

(4)

- ....
- ....
- ....
- ....
- ....

이처럼 인간의 언어는 하나의 내용을 여러 가지로 표현할 수 있다. 그러나 "안녕하세요."를 배운 앵무새는 이 한 가지 표현만을 단순 반복할 뿐이다(비슷한 의미로 '오늘 날씨 좋네요', '식사 맛있게 하셨어요?', '별일 없으시죠?' 등은 구사할 수 없다).

6. 언어의 □□□

인간의 현실 세계는 연속적이다. 어떤 대상이나 자연 현상은 모두 연속되는 것으로 그 경계가 명확하지 않다. 그러나 언어는 그것들을 명료하게 인식하고 구체적으로 표현하기 위해 나누어 표현한다. 이처럼 연속적인 실세계를 불연속적인 것으로 끊어서 표현하는 언어의 성질을 '분절성'이라 한다.

우리는 실제 207여 가지 이상으로 연속하는 무지개 색깔을 7가지로 분절하여 인식하고 표현하고 있다. 언어의 분절성은 다음의 예를 통해서도 알 수 있다.

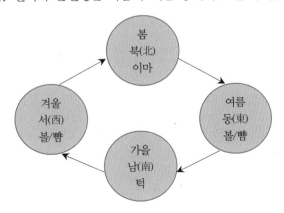

계절, 방위, 얼굴과 관련한 표현이다. 과연 '봄-여름-가을-겨울'과 '동-서-남-북'의 경계가 명확한가? 또한 우리 얼굴에서 '이마-볼/뺨-턱'의 경계를 구분할 수 있는가? 그렇지 않다. 그럼에도 우리의 언어는 이들을 분절하여 표현한다(언어 상대주의는 언어의 분절성을 하나의 근거로 제시하는데, 후반부 '첫째 마당: 언어의 힘(2)'의 내용을 참고하라).

7. 언어의 □□□

우리가 헌법과 법률 그리고 각종 제도와 규정에 따라 생활하듯 언어생활에서도 언어에 내재한 일정한 규칙을 따라야 한다. 만약 언어의 규칙성을 따르지 않을 경우 비문법적인 문장을 생성할 뿐만 아니라 원활한 의사소통 또한 어렵게 된다.

   (1) ㄱ. *철수는 옷을 새 입었다.   ㄱ'. ＿＿＿＿＿＿＿＿

       ㄴ. *토끼가 빨리 매우 달린다.   ㄴ'. ＿＿＿＿＿＿＿＿

       ㄷ. *영희는 인형을 동생에게 예쁜 주었다.   →   ㄷ'. ＿＿＿＿＿＿＿＿

       ㄹ. *어제 책을 읽은 어디에 두었지?   ㄹ'. ＿＿＿＿＿＿＿＿

예문 (1)의 'ㄱ ~ ㄹ'는 모두 틀린 문장이다. 왜냐하면 한국어의 규칙을 따르지 않고 있기 때문이다. 각각의 문장을 문법에 맞게 고쳐본 후, 한국어의 수식어와 피수식어 사이에는 어떠한 규칙이 있는지 생각해 보자.

   (2) *손님 커피 <u>나오셨습니다.</u>
     → ＿＿＿＿＿＿＿＿＿＿＿＿＿＿＿＿＿＿＿＿＿＿＿＿

예문 (2)도 한국어 규칙에 어긋난 비문이다. 한국어의 높임법에는 사물을 직접 높일 수 없다는 규칙이 있기 때문이다. "이 제품의 가격이 10만 원 되시겠습니다."와 예문을 올바르게 써 보자.

언어의 규칙성은 한글 맞춤법, 외래어 표기법, 로마자 표기법 등의 어문 규범과도 밀접한 관련이 있다.

(3) ㄱ. 올해 우리 학교는 다른 학교보다 <u>취업율</u>이 크게 상승했다.
　　ㄴ. 대학 평가에서 교수와 학생의 <u>비률</u>은 매우 중요한 항목이다.

예문 (3)의 밑줄 친 두 단어는 한국어의 표기법에 맞지 않다. 한글 맞춤법 제11항은 "모음이나 'ㄴ' 받침 뒤에 이어지는 '렬, 률'은 '열, 율'로 적는다."로 규정하고 있다. 따라서 '□□□'과 '□□'로 표기해야 한다.

언어의 규칙성이 언어의 보편적 특징인 점은 분명하다. 그러나 언어마다 세부적인 규칙 체계가 다르기에 개별 언어의 규칙에 맞추어 써야 한다.

(4) ㄱ. 철수가 영희를 좋아한다. = 영희를 철수가 좋아한다.
　　ㄴ. Cheolsu like Yeonghui. ≠ Yeonghui like Cheolsu

한국어에서는 (4. ㄱ)처럼 주어와 목적어의 어순을 교체하더라도 두 문장의 기본 의미는 변하지 않는다. 그러나 영어의 (4. ㄴ)에서는 주어와 목적어의 어순 교체에 의해 두 문장의 의미가 달라진다.

EBS의 동영상(배움너머)으로 오늘 학습 내용을 복습하자!
http://www.ebs.co.kr/tv/show?prodId=10294&lectId=3112749

⌐ 마당 나오기

● 언어의 기원은 진화론의 발전으로 인류의 기원과 그 궤를 같이 한다.

● 인간의 가정, 사회 등 다양한 생활에서 언어는 의사소통의 중요한 수단이다.

● 인간의 언어는 '기호성', '자의성', '사회성', '역사성', '창조성', '분절성', '규칙성' 등의 특징을 지닌다.

※ 다음 글, (가) ~ (마)를 읽고 언어의 어떤 특성을 설명하고 있는지 알아보자.

(가) 언어는 의사소통을 위한 기호이며, 일정한 형식과 의미의 결합으로 이루어져 있다. 가령 '나무'라는 말은 [나무]라는 음성과 이 소리가 나타내는 뜻이 결합한 언어 기호이다.

(나) 언어에는 일정한 규칙이 있다. 가령 '밥이 먹었다'는 말이 되지 않는데 이는 언어 규칙에 어긋나기 때문이다. '밥을 먹었다'나 '밥이 맛있다'라고 해야 바른 말이 된다.

(다) 언어는 그 언어를 사용하는 사람들 사이의 약속이다. 즉 '포유류 중 가장 오래된 가축'을 우리말을 쓰는 사람들은 '개'라는 음성을, 영어를 쓰는 사람들 사이에는 '도그'라는 음성을 쓰기로 약속이 되어 있다.

(라) 언어는 시간의 흐름에 따라 끊임없이 변한다. 'ᄀ솔'이 '가을'로 변한 것처럼 소리가 변하기도 하고 '어엿브다'의 뜻이 '불쌍하다'에서 '예쁘다'로 변한 것처럼 뜻이 변하기도 한다. 또한 말이 없어지기도 하고, 새말이 생기기도 한다. 지금은 '온'이라는 말이 쓰이지 않고 조선 시대에는 '컴퓨터'라는 말이 없었다. 또한 문법이 변하기도 한다. 의도나 욕망의 뜻을 나타내는 연결 어미 '-고자'의 옛말은 '-고저'였다.

(마) 언어 사용자는 한정된 수의 말소리나 단어로 무한한 수의 문장을 만들 수 있거나 단어의 나열을 통해 무한히 긴 새로운 문장을 만들어 낼 수 있다. 가령 어린 아이에게 '꽃이 예쁘다'라는 말을 가르쳐 주면 '꽃이 피었다', '꽃을 샀어요' 등의 문장을 만들어 낸다.

[셋째 마당]

언어의 힘(1)-말과 글의 힘-

마당 열기

- 말이 있기에 사람은 짐승보다 낫다. 그러나 바르게 말하지 않으면 짐승이 그대보다 나을 것이다. - 사아디 고레스탄
- 인간은 언어가 보여주는 대로 현실을 인식한다. - 훔볼트(Humboldt)
- 문(文)은 무(武)보다 강하다(The pen is mightier than the sword)
- 언어는 오해의 근원이다. - 생텍쥐페리(Saint-Exupéry)
- 사람의 모든 화가 세 치 혀에서 나온다. - 공자(孔子)
- 가는 말이 고와야 오는 말이 곱다.
- 말 한마디로 천 냥 빚을 갚는다.
- '아' 다르고 '어' 다르다.
- 말이 씨가 된다.

이제 우리는 아주 쉽게 이 세상의 행복 수치를 증가시킬 수 있다. 어떻게 그렇게 할 수 있냐고? 외롭거나 용기를 잃은 누군가에게 진심으로 몇 마디의 말을 건네는 것, 그것으로 충분하다. 오늘 누군가에게 무심코 건넨 친절한 말을 당신은 내일이면 잊어버릴지도 모른다. 하지만 그 말을 들은 사람은 일생동안 그것을 소중하게 기억할 것이다.

- 데일 카네기(Dale Carnegie)

말과 글에는 나름의 온도가 있다.

언어에는 따뜻함과 차가움, 적당한 온기 등 나름의 온도가 있다. 세상살이에 지칠 때 어떤 이는 친구와 이야기를 주고받으며 고민을 털기도 하고, 어떤 이는 책을 읽으며 작가가 건네는 문장으로 위안을 얻는다. 이렇듯 '언어'는 한순간 나의 마음을 꽁꽁 얼리기도, 그 꽁꽁 얼어붙었던 마음을 녹여주기도 한다.

- 『언어의 온도』(이기주, 2016) 서평 일부

- 한 줄 생각: _____

마당 들어가기

1 언어의 기능

언어는 우리의 사고와 행동에 지대한 영향을 끼친다. 일상생활과 광고의 두 사례를 통해 이를 확인해 보자.

> "엄마, 이순신 장군 천당에 갔어? 지옥에 갔어?" / "그야 천당에 가셨지." / "아니야, 지옥에 갔어." / "그게 무슨 말이냐?" / "우리 선생님(주일학교)이 그러는데, 예수님을 안 믿어서 지옥에 가셨대…"
>
> - 엄마와 초등학생 아들의 대화 -

Q1. 선생님의 이야기를 듣고 초등학생 아들은 어떤 생각을 하였을까?

Q2. Q1의 생각이 초등학생 아들의 행동과 생활에 어떤 변화를 주었을까?

Q3. Q1, Q2의 초등학생 아들의 생각과 행동, 생활에 영향을 준 힘은 무엇인가?

다음 문장은 일본 광고의 문구이다. 빈 칸에 들어갈 단어가 무엇인지 짐작하면서 한 편의 짧은 동영상을 감상해 보기로 하자.

> "많은 □□에 힘입어 사람은 앞을 향한다. □□와, 살아간다."
>
> https://blog.naver.com/skyscout/220947484715

앞의 두 사례를 통해 언어가 우리의 삶에 커다란 영향을 끼치고 있음을 알 수 있었다. 그렇다면 언어에 어떠한 기능이 내재하기에 그러한 힘을 발휘하는 것일까?

1. 언어의 □□□ 기능

> 인문과학(humanities, 人文科學)은 정치 · 경제 · 역사 · 학예 등 인간과 인류문화에 관한 정신과학을 통틀어 이르는 말이고, 자연과학(natural science, 自然科學)은 자연현상을 연구대상으로 하는 과학으로 물리학 · 화학 · 생물학 · 천문학 · 지학이 있다.
>
> - 『두산백과』

> 학　생: 선생님, 속담의 구체적 예와 그 의미를 좀 설명해 주시겠어요?
> 선생님: 네, 우리 속담에 '세 살 버릇 여든까지 간다. 바늘 도둑이 소도둑 된다. 천 리 길도 한 걸음부터'라는 말이 있는데, 올바른 생활 태도의 중요성을 강조하는 거예요.

2. 언어의 □□□ 기능

> 수현: 유미야, 너는 워너원에서 누가 제일 좋아?
> 유미: 다 좋아.
> 수현: 아니, 한 사람만 얘기해.
> 유미: 음~ 그러면 나는 강○○○이 제일 좋아! 멋있어!

> 님은 갔습니다. 아아, 사랑하는 나의 님은 갔습니다.
> 푸른 산빛을 깨치고 단풍나무 숲을 향하여 난 작은 길을 걸어서 차마 떨치고 갔습니다.
> -중략
> 아아, <u>님은 갔지마는 나는 님을 보내지 아니하였습니다.</u>
> 제 곡조를 못 이기는 사랑의 노래는 님의 침묵을 휩싸고 돕니다.

2 언어적 위력의 실제

월리엄 셰익스피어(William Shakespeare)의 희곡 중에 「줄리어스 시저」(Julius Caesar)
가 있다. 로마 공화정 말기, '브루투스'를 포함한 공화정 옹호파 의원들이 로마의 영웅
인 '시저'를 암살한 역사적 사실을 다룬 비극이다.

이 희곡에는 '시저'의 죽음에 대한 두 사람의 논쟁이 나타난다. 시저 죽음의 당위성을
주장하는 '브루투스'의 연설과 이를 반박하는 '안토니우스'의 연설이 그것이다. 두 사람
의 연설을 통해 의도적인 언어의 힘에 대해 알아보자.

1. 브루투스의 연설

> "나는 누구보다도 시저를 사랑하였습니다."
>
> "시저를 죽인 것은 그를 사랑하지 않아서가 아니라 로마를 사랑하는 마음이 더 컸기
> 때문입니다."
>
> (가) "여러분은 시저가 살아서 노예로 죽기를 원하십니까? 아니면 시저가 죽음으로써
> 자유를 누리시겠습니까?"
>
> "시저는 나를 사랑했기에 나는 그를 위하여 목메어 웁니다. 시저는 행운아였기에 나는
> 그것을 즐거워합니다. 시저는 용감하였기에 나는 그것을 존경합니다. 그러나 그는 야심을
> 가졌기에 나는 그를 죽인 것입니다."
>
> (나) "여러분 중 한 사람이라도 노예가 되기를 원하는 사람이 있습니까? 있다면 나는
> 그 사람에게 죄를 범했습니다."
>
> "여러분 중 한 사람이라도 로마인이 아니라는 천한 생각을 가진 사람이 있습니까? 있
> 다면 나는 그 사람에게 죄를 범했습니다."
>
> "여러분 중 한 사람이라도 이 나라를 사랑하지 않는 야비한 사람이 있습니까? 있다면
> 나는 그 사람에게 죄를 범했습니다."
>
> "존경하는 로마 시민 여러분, 나는 사랑하는 내 조국 로마를 위해 시저를 죽였습니다.

그러나 나는 내가 그 칼에 찔려도 절대로 두려워하지 않을 것입니다. 사랑하는 내 조국 로마가 나의 죽음을 바라는 때가 온다면!"

2. 안토니우스의 연설

"친애하는 로마 시민 여러분, 내 말에 귀를 기울여 주십시오. 나는 시저를 찬양하기 위해서가 아니라 그의 시신을 장사 지내기 위해 이 자리에 왔습니다."

"고귀하신 브루투스는 시저가 야심을 품었다고 했습니다. 만약 그런 잘못으로 비참한 최후를 마쳤다면 인과응보라 할 수밖에 없습니다."

(다) "그러나 시저는 포로의 몸값을 받아 국고를 채웠습니다. 가난한 이들이 굶주림에 울부짖을 때, 그들과 함께 울었습니다. 이것이 야심입니까? 그런데도 브루투스는 그가 야심가였다고 말하니 참으로 현명하신 분이 아닐 수 없습니다."

"여러분도 보셨으리라 생각합니다. 루페르칼리아 축제에서 나 안토니우스가 세 번이나 왕관을 시저에게 바쳤습니다. 그러나 그는 세 번이나 단호하게 거절했습니다. 이래도 시저에게 야심이 있었다고 하겠습니까? 그런데도 브루투스는 그가 야심가였다고 말하니 참으로 현명하신 분이 아닐 수 없습니다."

"여기 시저의 밀실에서 찾은 유서가 있습니다. 하지만 읽지 않겠습니다. 이 내용을 여러분이 안다면, 여러분은 시저의 유해를 안고 칼자국에 입맞춤할 것입니다. 신성한 선혈을 손수건에 적셔 자자손손 큰 은혜의 유품으로 삼을 것입니다."

(유서를 들어봅시다)

"여러분 제가 유서를 읽지 않는 이유는 여러분은 감정의 동물이기 때문입니다. 이를 들으면 감동해서 열광할 것입니다. 이성을 잃고 불측의 일을 일으킬 것이 틀림없습니다. 그러므로 '시저가 여러분을 얼마나 사랑하고 있었는가' 하는 깊은 사연을 모르시는 편이 좋다고 생각합니다."

(유서를 들어봅시다)

"여러분 진정하십시오. 이 유서에 대해 언급한 것이 나의 실수입니다. 다만 이 때문에 시저를 암살한 의인을 비방하는 일이라도 있지 않을까 걱정입니다."

(유서를 들어봅시다)

"여러분 지금부터는 얼마든지 애도의 눈물을 흘리셔도 됩니다. 이 상처는 그가 자식처럼 사랑하던 브루투스의 의롭지 않은 칼로 찢겨진 것입니다. 무도한 칼에 꽂혔다가 도려서 뽑자 시저 장군의 온몸의 피가 쿨쿨 쏟아져 나왔던 것입니다. 이리하여 영웅은 웃옷으로 얼굴을 가린 채, 허무하게 생을 마쳤던 것입니다. 오, 여러분 애도합시다. 마음의 눈물 그것이야 말로 진정한 눈물입니다."

(군중들)

"여러분, 시저 장군 자필의 유서는 바로 이것입니다. 나의 소유인 타이버 강가의 모든 장원, 별장, 그 밖에 새로 만든 정원을 모두 로마 시민에게 증여하며, 자자손손에 전해서 휴양 장소로 살게 한다고 되어 있습니다. 아 당대의 영웅 이제는 가고 없구나. 로마여, 그대는 다시 어느 세월에나 이와 같은 영웅을 만날 수 있을 것인가?"

Q1. (가)와 (나)의 표면적 의미와 브루투스의 숨겨진 의도는 무엇인가?

Q2. 안토니우스가 (다)를 통해 군중들에게 전달하려는 것은 무엇인가?

Q3. 유서 공개에 대한 안토니우스의 언어에는 어떠한 전략이 숨겨져 있는가?

Q4. 브루투스와 안토니우스의 연설을 듣고 군중들의 반응과 태도는 어떻게 바뀌었으며, 그러한 힘은 어디에서 나오는가?

브루투스와 안토니우스는 의도적으로 말의 힘을 활용하여 군중들을 감화시키고 있다. 다음은 의도하지 않은 언어가 힘을 드러내는 경우이다.

41

언어사회학자인 워프(Whorf, Benjamin Lee)의 일화이다. 그는 공과대학 방재학과 졸업 후, 화재보험 회사에 입사하여 화재 원인을 찾는 일에 종사하였다. 어느 날, 유류 회사를 둘러보던 그는 '유류 저장 탱크'와 '빈 드럼통'의 말에 주목하였다.

Q1. '유류 저장 탱크'(Oil storage tanks)와 '빈 드럼통'(empty drums) 중, 화재가 일어난 곳은 어디였으며, 그 이유는 무엇인가?

Q2. 다음은 심리학자 바버라 프레드릭슨(Barbara Fredrickson)의 주장이다. '나'의 생각을 정리한 후, 그러한 생각의 구체적 경험에 대해 알아보자.

> **부정적인 감정과 단어**를 접할 때에 사람의 사고력이 협소해지는 경향이 있지만 긍정적인 단어로 기쁜 감정을 표현할 때는 인식 능력을 비롯한 모든 사고력이 확장한다.

Q2-1. '나'에게 긍정적인 인식과 사고를 하게 하는 단어는 무엇인가?

Q2-2. '나'에게 부정적인 인식과 사고를 하게 하는 단어는 무엇인가?

Q3. 존 고든(Jon Gorden)은 인생을 통틀어 남기고 싶은 단어를 '인생 단어'라 하였다. 아래 사람들이 인생 단어를 남겼다면 무엇이었을까? 그리고 '나'의 인생 단어에 대해 이야기해 보자.

> 에이브러험 링컨: ☐☐ / 마틴 루터 킹: ☐☐ / 마더 테라사 수녀: ☐☐

3 언어적 힘의 원천과 양면성

박갑수(1994:18 ~ 21)에서는 말의 힘이 나타나는 경우를 아래와 같이 설명한다.

1. 명명(命名)과 분류(分類)

①	물가의 인상		물가의 ○○○ / ○○○
②	□□□		개발도상국
③	장의사		○○○○○

2. 흑백논리(黑白論理)적 표현

①	기독교 신자		○○○
②	□ □□ □		가진 자
③	태극기 집회 측		○○ ○○ ○

3. 일반화한 표현

①	서울 사람		서울 ○○○
②	□□□		충청도
③	급식 먹는 청소년 비하		○○○

4. 한쪽으로 편중된 표현

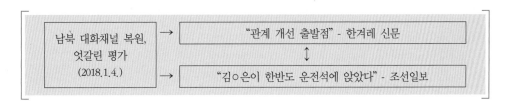

43

일기자료 1

[취재일기] 탈북인들 "별난 호칭 사절합니다"

- 하준호, 중앙일보, 2017.09.18.

'새꿈주민'. 서울시가 4월 20일부터 4주간 실시한 '북한이탈주민 대체명 공모'에서 최우수작으로 뽑힌 용어다. '새로운 꿈을 키우기 위해 탈북한 이들을 잘 상징한다'는 게 선정 이유였다.

그런데 서울시는 선정 결과를 온라인을 통해 조용히 공개했다. 공모 시작 때와 달리 언론에 알리지 않았다. 최우수작으로 선정되는 용어를 통일부에 새 명칭으로 삼아 달라고 요청할 계획이라고 했는데 그렇게 하지도 않았다. 서울시 관계자는 "용어 변경은 법을 개정해야 하는 일이라서 소관 부처인 통일 부와의 협의가 필요하다. 업무 혼선을 초래하지 않기 위해 내부적으로 종결했다"고 말했다.

이런 일을 전해 들은 북한이탈주민들은 "차라리 발표하지 않은 게 다행"이라는 반응을 보였다. 함북 무산 출신인 박영철(35)씨는 "최우수작 용어가 발표됐다면 반발이 꽤 있었을 것이다. 아무리 좋은 용어라도 당사자가 듣기 편해야 한다"고 말했다. "왜 굳이 새로운 용어가 필요한 것이냐"는 지적도 있었다. 양강도 혜산에서 온 대학생 송모(23)씨는 "나처럼 조용히 살아가는 대부분의 북한이 탈주민들은 대한민국 국민으로 떳떳하게 살고 싶어한다. 따로 구분되고 싶지 않다. 우리를 지칭하는 용어가 늘어날수록 차별과 부담만 는다"고 토로했다.

북한을 탈출해 한국으로 온 이들을 부르는 법적 용어가 처음 등장한 것은 1962년이다. '월남귀순 자'라고 불렀다. 78년에는 '귀순용사'가 됐다. 90년대 초부터는 '귀순북한동포'라고 했고, 97년에 '북한이탈주민'이 됐다. 2005년에는 통일부가 '새터민'이란 새 용어를 만들었다. 새로운 터전을 필요 로 한다는 뜻이다. 그런데 일부 북한이탈주민의 반대 때문에 2008년부터 정부가 사용을 자제하고 있다. 이런 탓에 실생활에선 탈북자·탈북민·탈북인·새터민·북한이탈주민이 혼용된다.

평북 영천 출신인 최모(51)씨는 "우리를 '먼저 온 통일'이라고 치켜세우면서 한편으론 특정 용어로 지칭하는 건 서운하다"고 말했다. '탈북인 박사 1호'인 안찬일 세계북한연구센터 소장은 "위로하고 동정하는 마음에서 나온 단어가 오히려 북한이탈주민들에게 '3등 국민' 낙인이 될 수 있다"고 걱정 했다.

행정 편의로 뭔가 용어가 필요하다면 북한이탈주민이나 탈북인 정도로 표현하면 된다. 당사자들 이 반기지도 않는, 유별난 이름을 하나 추가하려고 호들갑 떨 이유는 없다. 새 꿈은 출신 지역과 상 관없이 누구나 품을 수 있다.

읽기자료 2

김성주 후보의 '몽니(?)토론' 전술...DY 출마 '흑백논리' 전개

- 김성수, 국제뉴스, 2016.03.28.

더불어민주당 김성주 후보(전북 전주시병)가 이른바 '몽니(?)토론' 전술로 막강 경쟁 후보인 정동영 후보 깎아 내리기에 주력했다.

김 후보는 28일 개최된 전주MBC 후보초청 토론회에서 정 후보의 입을 통해 자신의 호의적인 평가를 유도해낸 반면 그 이면에서는 정 후보의 전주시병 출마에 대해 '후배 낙선 행위(?)'로 몰아부쳤다.

김 후보는 이날 토론 주도권 토론에서 정 후보에게 "지난 4년 제 활동에 대해서 어떻게 평가를 하느냐"라고 물었다.

이에 정 후보는 김 후보의 의정활동을 성실함으로 평가했다. 정 후보는 "아주 성실하게 도의원 때부터 해 오던 복지 분야를 자기의 전공분야로 삼아서...특히 어르신 섬기는 일을 해온 것은 잘해왔다고 생각한다. 앞으로도 그 방향으로 가면 좋겠다"고 호평했다.

정 후보의 답변이 끝나자마자 김 후보는 다시 정 후보에게 "기금본부 이전을 성사시킨 것에 대해서 직접 전화를 걸어 칭찬도 하고 모 토론회에서 칭찬을 했는데 지금도 같은 생각이냐"라고 질문을 던졌다.

이에 정 후보는 "네, 보건복지위 간사로서 역할을 잘 했다는 말씀을 다시 드린다."며 "연금본부는 박근혜 후보와 문재인 후보의 공약이었지만, 그것을 지키게 한 것은 전라북도민의 공이 가장 컸다"라며 뼈(?)있는 칭찬을 아끼지 않았다.

김 후보의 몽니(?) 전략의 화룡점정은 정 후보의 전주시병 출마에 대한 문제로 찍었다.

김 후보는 "선거는 내가 당선되고자 하면 누군가는 떨어져야 한다. 정동영 후보께서 이번에 선거에 당선되자고 하면 열심히 활동해온 김성주 후보가 떨어져야 되는 거다"라며 '흑백 논리'로 접근, 정 후보의 출마 자체에 부정적 인식을 그대로 표출했다.

이어 김 후보는 "열심히 일한 후배를 좀 도와주고 키워줄 것이지 '왜' 덕진에 나와서 저를 떨어뜨리고 대신 그 자리를 뺏으려 하는지 정말 듣고 싶었다."라며 답변을 듣기를 원했지만, 토론 시간상 문제로 사회자가 제지하자 정 후보가 답변을 하지 못한 채 주도권 토론이 마무리됐다.

언어는 사용하는 방향에 따라 다음과 같은 양면적인 힘을 발휘할 수 있다.

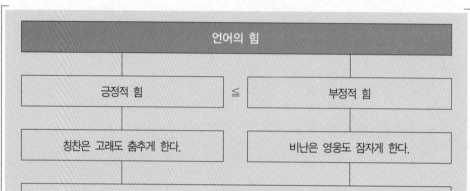

[사례1] '초속 340m'(웹툰)

주인공 ○○이는 친구 사이에서 말할 타이밍을 놓치거나 목소리가 작아 위축돼 간다. 수업 시간에 소리의 속도가 초속 340m라는 내용을 배우다가 옆 짝꿍으로부터 '○○이 목소리는 초속 3.4cm'라고 놀림을 받기도 한다.

○○이는 엄마에게 고민을 털어 놓는다. 엄마는 "○○이가 **생각이 깊어서 남들보다 답이 오래 걸리고 상처를 줄까 걱정돼서 조그맣게 말하는 것**"이라며 "착한 마음은 소리보다 더 빨리 전해진다."고 위로한다.

그 후, ○○이는 남들에게 진실된 마음의 목소리가 닿을 것이라 생각하고 자신을 사랑하기로 한다. 그리고 '마음씨 좋고 사려 깊어 보인다.'며 남자 친구로부터 고백을 받는다.

[사례2] '○○ 한마디에 울음바다 된 □ 멤버들'

다섯 멤버가 모여 각자 상처 받았던 악플을 털어놓으며 진솔한 대화를 나눴다.

"결국엔 ○○ 없는 □", "쟤는 왜 서브인지 알겠어."
"와 ○○ 쟤는 애들이 번 돈으로 놀고먹으면서, 탈퇴나 해라."

○○는 "사람들은 모른다. 온갖 추측들이 있다."면서 "뭔가 사실을 이야기하는 것 같고 정곡을 찔린 기분이 들어서 마음이 아팠다."라고 힘든 심경을 전했다.

읽기자료 3

腦사진으로 자살위험군 알 수 있다

- 김다영, 문화일보, 2017.11.02.

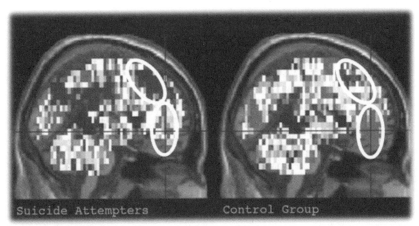

▲ 왼쪽이 자살 위험군 오른쪽이 정상 대조군의 뇌 주사 사진으로, 죽음과 관련된 단어를 봤을 때 동그라미 친 부분의 반응이 두 실험군에서 반복적으로 다르게 나타났다. 카네기멜론대 제공.

앞으로는 뇌 사진을 찍어 그 사람이 자살 위험이 있는지 없는지 판별할 수 있는 날이 올 전망이다. 미국의 카네기멜론대와 피츠버그대 공동 연구팀은 뇌 주사 장치(brain scanner) 사진을 통해 자살 성향이 있는 사람과 정신적으로 건강한 사람을 구분해내는 프로그램을 개발해 실험에 성공했다고 1일 밝혔다.

연구팀은 과거 자살을 시도한 경험이 있거나 현재 자살 충동을 느끼는 사람 17명과 정신적으로 건강한 사람 17명 등 총 34명을 실험군·대조군으로 모집했다. 이후 이들에게 죽음 관련 단어 10개, 부정적인 단어 10개와 긍정적인 단어 10개를 각각 보여주며 뇌 주사 사진을 찍었다. 이 과정에서 '잔혹', '근심' 등 죽음과 관련된 단어를 봤을 때 자살 위험군에 속한 사람들의 뇌가 다르게 반응한다는 것을 발견했다. 연구팀은 이렇게 다르게 나타나는 뇌 사진을 기계 학습 알고리즘으로 분석했다.

이후 자살 위험군과 대조군의 차이점이 가장 극명하게 드러나는 단어 6개(죽음·근심·잔혹·태평·선함·칭찬)를 선정했다. 이 단어를 34명의 실험 참가자에게 각각 보여준 뒤 알고리즘 프로그램을 통해 이들이 자살 위험군인지 대조군인지를 맞히는 실험을 역으로 진행했는데, 무려 91%의 확률로 자살 위험군을 분류해냈다고 연구진은 밝혔다. -하략-

마당 나오기

- 언어(말과 글)는 의도하든 의도하지 않든 힘을 지니고 있다.

- 언어의 힘은 두 가지, 긍정적인 힘과 부정적인 힘으로 나타난다.

- 언어의 부정적인 힘은 긍정적인 힘보다 강렬하다. 우리는 원만한 인간관계를 위해서 긍정적 언어의 힘을 발휘하는 효과적인 언어생활을 해야 한다.

※ TV 예능 '한 끼 줍쇼'(2018.1.3/2018.3.21)에 출연한 부부가 서로에게 전하는 고마움의 표현이 부부 관계에 어떠한 힘이 되는지 알아보자.

※ 원만한 인간관계에서 침묵은 '금'이 아니다. 누군가에게 '고맙고, 감사하고, 미안한' 마음을 표현해 보자.

[넷째 마당]

언어 표기의 원리

마당 열기

한글 표기법의 기원은 『훈민정음』 예의(例義)이다. 그러나 오늘날 『한글 맞춤법』(1988)
은 아래에서 보듯 『한글 마춤법 통일안』(1933)을 바탕으로 한다.

	『한글 마춤법 통일안』(1933)	『한글 맞춤법』(1988)
1	한글 마춤법(철자법)은 **표준말**을 그 소리대로 적되, 어법에 맞도록 함으로써 원칙을 삼는다.	한글 맞춤법은 **표준어**를 소리대로 적되, 어법에 맞도록 함을 원칙으로 한다.
2	표준말은 대체로 현재 중류 사회에서 쓰는 서울말로 한다.	표준어 규정이 제정되면서 삭제(표준어 사정 원칙의 제1장 총칙에서 정의)
3	문장의 각 단어는 띄어 쓰되, **토**는 그 웃말에 붙여 쓴다.	문장의 각 단어는 띄어 씀을 원칙으로 한다.
4	-	외래어는 '외래어 표기법'에 따라 적는다.

조선어학회는 <u>일제의 한글 말살 정책에 맞서 우리말을 정리·보급하자는</u> 취지에서 1930
년 12월 13일 총회의 결의로 한글 맞춤법 통일안 제정을 착수하였다. 12명의 위원(권덕
규, 김윤경, 박현식, 심명균, 이극로, 이병기, 이희승, 이윤재, 장지영, 정열모, 정인섭, 최
현배)이 초안을 만들어 심의·검토를 거쳐 1933년 10월 19일 통일안이 완성되었다(이후
부분 개정이 몇 차례 있었지만 큰 틀의 변화는 없었다).

그러나 시간이 지나면서 '통일안'이 언중들의 현실 언어를 반영하지 못한다는 지적에
따라 재검토가 필요하게 되었다. 이에 문교부(현 교육부)는 1970년 한글 맞춤법 위원회를
구성하여 18년 간 개정안 마련에 심혈을 기울였다. 현행 『한글 맞춤법』은 1988년 1월 19
일 '문교부 고시 제88-1호'로 발표되었다.

• 밑줄 친 부분은 조선어학회의 '한글 맞춤법 통일안' 제정의 목적이다. 그렇다면 우리
  의 언어생활에서 '한글 맞춤법'이 왜 중요한지 생각해 보자.

마당 들어가기

1 『한글 맞춤법』의 개요

『한글 맞춤법』은 본문(6장)과 부록으로 구성되어 있다.

장		절	항
제1장	총칙		제1항-제3항
제2장	자모		제4항
제3장	소리에 관한 것	제1절 된소리 제2절 구개음화 제3절 'ㄷ'소리 받침 제4절 모음 제5절 두음 법칙 제6절 겹쳐 나는 소리	제5항 제6항 제7항 제8항-9항 제10항-12항 제13항
제4장	형태에 관한 것	제1절 체언과 조사 제2절 어간과 어미 제3절 접미사가 붙어서 된 말 제4절 합성어 및 접두사가 붙는 말 제5절 준말	제14항 제15-18항 제19항-26항 제27항-31항 제32항-40항
제5장	띄어쓰기	제1절 조사 제2절 의존 명사, 단위를 나타내는 명사 및 　　　 열거하는 말 등 제3절 보조 용언 제4절 고유 명사 및 전문 용어	제41항 제42항-46항 제47항 제48항-50항
제6장	그 밖의 것		제51항-57항
부록	문장 부호	마침표, 쉼표, 따옴표, 묶음표, 이음표, 드러냄표, 안드러냄표	

『한글 맞춤법』의 일반적 원칙은 제1장 '총칙'에 제시되어 있다.

제1항 한글 맞춤법은 □□□를 □□대로 적되, □□에 맞도록 함을 원칙으로 한다.
제2항 문장의 각 □□는 □□ □을 원칙으로 한다.
제3항 외래어는 '□□□ □□□'에 따라 적는다.

---

1. 총칙 제1항의 의미: 표음주의와 형태 음소주의

- 발음: [엄마야 누나야 강변 살자 뜨레는 반짜기는 금모래 빈 뒫문 바께는 갈리페 노래 엄마야 누나야 강변 살자]

- 표기:

발음과 표기 형태가 일치하는 것은 표음주의(소리대로 적되)를 따르고, '뜰에, 반짝이는, 빛, 뒷문, 밖에, 갈잎의'는 형태 음소주의(어법에 맞도록: 의미를 파악하기 쉽도록 각 형태소의 본래 모습을 밝히어 적음)를 따르고 있다.

2. 총칙 제2항의 의미: 문자 사용의 경제성과 효율성

① 아버지가방에들어가신다. / 나물좀다오.
② 나는 친구와 의견을 같이하다 / 나는 친구와 공부를 같이 하다.

①의 두 문장은 띄어쓰기를 하지 않아 글쓴이의 생각과 의도를 알 수 없다. 따라서 문장을 구성하는 각 단어를 띄어 써야 효율적인 의사소통이 가능하다. ②의 두 문장의

밑줄 친 부분은 띄어쓰기가 다르다. '같이하다'는 한 단어('서로 다르지 않게 하다'는 동사)로 띄어 쓸 필요가 없지만 '같이 하다'는 두 단어(부사+동사)로 반드시 띄어 써야 한다.

3. 총칙 제3항의 의미: 외래어 표기의 세칙

> • 다음 주까지 이-클래스(e-class)에 레포트(report) 제출하세요.

이희승·안병희(1989:27)는 외래어를 '외국으로부터 들어온 말이 국어에 파고들어 익히 쓰여지는 말, 곧 국어화한 외국어'라고 정의하였다. 예문의 단어는 [ripɔ́ːt]로 발음되어 '□□□'로 표기해야 한다(『외래어 표기법』, 1986년 1월 7일 문교부 고시).

4. 자모 제4항의 의미: 자모의 수와 순서, 명칭

『한글 맞춤법』의 제2장은 한글 자모의 수와 순서 그리고 명칭을 규정하고 있다.

> ① 자모의 수: 24개(자음:□□, 모음:□□) + 복자·모음(복자음: 5, 복모음: 11)
> ② 자모의 순서(사전 등재)
>   자음: ㄱ_____ㅎ
>   모음: ㅏ_____ㅣ
> ③ 자모의 명칭: 일반적 규칙(×)옻), 예외: ㄱ(□□), ㄷ(□□), ㅅ(□□)

『훈민정음』의 자음은 발음기관을 상형한 기본자 'ㄱ, ㄴ, ㅁ, ㅅ, ㅇ'와 가획자(ㅋ, ㄷ, ㅌ, ㅂ, ㅍ, ㅈ, ㅊ, ㆆ, ㅎ) 및 이체자(ㆁ, ㄹ, ㅿ)로 구성되었다. 모음은 천·지·인을 상형한 기본자 'ㆍ, ㅡ, ㅣ'와 초출자(ㅗ, ㅏ, ㅜ, ㅓ) 및 재출자(ㅛ, ㅑ, ㅠ, ㅕ)로 이루어졌다. 자모의 배열순서도 달랐고, 명명법도 확인할 수 없다.

<사진1> 최세진의 『훈몽자회』(訓蒙字會)

<사진1>에서 다음의 내용을 찾고, 자모의 배열순서에 대해 알아보자.

❶ 초성종성통용팔자   ❷ 초성독용팔자   ❸ 중성독용십일자
_____   _____   _____

<사진1>의 세로쓰기를 가로쓰기로 다시 작성하였다. 자모의 이름값에 대해 알아보자.

❶ ㄱ其役, ㄴ尼隱, ㄷ池末, ㄹ梨乙, ㅁ眉音, ㅂ非邑, ㅅ時衣, ㅇ異凝
末衣兩字只取本字之釋俚語爲聲 其尼池梨眉非時異 八音用於初聲 役隱末乙音邑衣凝 八音
用於終聲
❷ ㅋ箕, ㅌ治, ㅍ皮, ㅈ之, ㅊ齒, ㅿ而, ㅇ伊, ㅎ屎
箕字亦取本字之釋俚語爲聲
❸ ㅏ阿, ㅑ也, ㅓ於, ㅕ余, ㅗ吾, ㅛ要, ㅜ牛, ㅠ由, ㅡ應(不用終聲), ㅣ伊(只用中聲), ㆍ思
(不用初聲)

2 소리와 관련한 표기

『한글 맞춤법』 제3장, '소리에 관한 것'에서는 제1절(된소리되기)과 제5절(두음법칙)의 표기법을 살피기로 한다.

1. 된소리되기

> "가상 화폐 광풍", 네티즌 이곳저곳에서 야단법석 / 야단법썩
> 국토부, "인도네시아 화산 폭팔 국내 항공사 영향 없어"

최근 '가상 화폐'와 '화산'으로 세상이 '떠들썩/떠들석'하다. 우리는 맞춤법에나 집중하자. 과연 이들의 올바른 표기는 무엇일까?

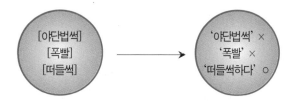

'소리대로 적는다'는 규정에 따르면, 오른쪽의 표기가 맞을 것 같다. 그러나 '떠들썩하다'만 옳은 표기이다. 이들 표기는 ①된소리 표기를 인정하는 경우와 ②그렇지 않은 경우를 구분해야 한다.

'야단법석'과 '폭발'은 된소리 표기를 인정하지 않는 경우이며, '떠들썩하다'만 된소리 표기를 인정한다. 한편, '폭발'을 [폭팔]로 잘못 발음하기도 하지만, 'ㄱ'과 같이 음절 말에서 불파된 소리 다음에 된소리와 대립하는 'ㄱ, ㄷ, ㅂ, ㅅ, ㅈ'의 소리가 올 때에는 'ㄲ, ㄸ, ㅃ, ㅆ, ㅉ'로 소리 나므로, [폭빨]로 발음된다.

❶ 울림소리 'ㄴ, ㄹ, ㅁ, ㅇ' 받침 뒤에서 된소리로 발음되거나 모음 사이에서 된소리로 발음되면 된소리로 적는다(까닭 없는 된소리).

예제1 ▮ 다음 중 표기가 잘못된 곳을 찾아 바르게 고쳐 보자.

1. 한숨 자고 나니 몸이 아주 산듯하다.
2. 안 보는 책을 꺼냈더니 가방이 훨씬 가벼웠다.
3. 자면서 움질 하는 버릇 때문에 잠을 잘 수가 없어요.
4. "떨어진 것까지"…'정글' 이○○, 이미지 몽당 내려놓은 전투 먹방.

❷ 된소리되기 현상이 필연적으로 일어나는 경우(받침 'ㄱ, ㄷ, ㅂ' 뒤에 연결되는 'ㄱ, ㄷ, ㅂ, ㅅ, ㅈ')에는 된소리로 표기하지 않는다.

예제2 ▮ 다음 중 표기가 옳은 것과 그렇지 않은 것을 구분해 보자.

깍뚜기	싹둑	북적	와자지껄	짭조름	넙쭉	몹시	납작

➜

■ 다음 괄호 안의 표기 중 바른 것을 골라 보자.

- 밤이면 [똑닥똑닥 / 똑딱똑딱]하는 시계 소리가 유난스레 크다.
  ➜
- ○○타이어, 해외 '스포츠 마케팅' 효과 [짭잘 / 짭짤]
  ➜
- '침묵', 가을처럼 [쓸슬 / 쓸쓸]하고 소주처럼 [쌉살 / 쌉쌀]하다.
  ➜

■ 위의 바른 표기를 통해 알 수 있는 규칙에 대해 알아보자.

제13항:

2. 두음법칙

○○시, 합격율 높은 운전면허학원 소개
㈜○○ 관계자는 "판매 증가에 따라 생산양을 확대할 계획"이라고 밝혔다.

두 단어 '합격율'과 '생산양'의 바른 표기는 무엇일까?

먼저 두음법칙에 대한 이해가 선행되어야 한다. 단어 첫머리에 위치하는 한자의 음이 두음법칙에 따라 달라지는 것은 달라지는 대로 적는다.

❶ **녀**자(女子), **뇨**소(尿素), **뉴**대(紐帶), **닉**명(匿名)
  →.

❷ **량**심(良心), **력**사(歷史), **례**의(禮儀), **룡**궁(龍宮), **류**행(流行), **리**발(理髮)
  →.

❸ **락**원(樂園), **래**일(來日), **로**인(老人), **뢰**성(雷聲), **루**각(樓閣), **룽**묘(陵墓)
  →.

예제3 ▌ **다음 표기의 원리에 대해 설명해 보자.**

- 년(年): 연도, 연세 / *설립년도, *졸업년월 / 2018년, 2018년도
  →

- 신녀성/신여성, 연리율/연이율, 경로석/경노석, 고랭지/고냉지
  →

- 뉴스, 니코틴, 리본, 리더십, 라면, 로마, 루비, 러시아
  →

두음법칙의 일반적 원리로 설명이 불가능한 표기가 있다. 한자어 '률(律, 率, 栗, 慄), 렬(列, 烈, 裂, 劣)'과 '량'(量) 그리고 '란'(欄)의 표기이다. 단어의 첫머리 이외에서는 본음대로 적는다는 규칙에 따라 '합격률, 정렬', '생산량', '정치란'으로 표기한다. 그런데 이외는 다음과 같은 예외가 존재한다.

> **예제4 ▌ 다음의 예는 모두 올바른 표기이다. 이의 표기 규칙을 알아보자.**
>
> - 규율, 자율, 비율, 이율, 조율 / 전율, 운율, 선율, 백분율, 할인율
> - 나열, 서열, 치열, 비열, 우열 / 분열, 전열, 선열, 균열, 분열
>
> ➡

> **예제5 ▌ 다음 중 올바른 표기를 고른 후, '량/양'의 표기 규칙을 알아보자.**
>
> - 노동(勞動)량/노동양, 작업(作業)량/작업양, 섭취(攝取)량/섭취양
> - 구름량/구름양, 일량/일양, 알칼리량/알칼리양, 칼로리량/칼로리양
>
> ➡

> **예제6 ▌ 다음은 '란'과 '난'의 올바른 표기이다. 이의 표기 규칙을 알아보자.**
>
> - '란': 광고(廣告)란, 독자(讀者)란, 비고(備考)란, 공(空)란, 답(答)란
> - '난': 어린이난, 어머니난, 가십난, 스포츠난, 컴퓨터난, 토픽난
>
> ➡

3 형태와 관련한 표기

> "교수님, 안녕히 계십시요 / 계십시오."
> "선생님 안녕히 계세요 / 가세요."

윗사람에게 하는 인사말 중 헷갈리는 두 가지이다. 첫째, 어미 '-오'와 '-(이)요'의 기능을 구별해야 한다. 둘째, 어미 '-(이)요'와 조사 '-요'를 구별해야 한다.

❶ 종결형의 어미 '-오'는 '요'로 소리 나는 경우가 있어도 원형을 밝혀 '-오'로 적는다. '-오'는 '사랑하, 중요하, 크시-'와 같은 어간이나 선어말 어미 '-시-' 뒤에 붙는 '하오체'의 종결어미이다. 연결형의 어미 '-(이)요'는 '-(이)요'로 적는다. 따라서 예시문 "교수님, 안녕히 계십시요."의 '요'는 쓸 수 없는 표현이다.

❷ 문장의 끝에 오는 '-요'는 그것만으로 끝날 수 있는 어미 뒤에 결합하여 높임의 뜻을 더하는 보조사이다.

예제1 ▌다음 중 표기가 잘못된 곳을 찾아 바르게 고쳐 보자.

1. 손님, 안녕히 가십시요. 또 오십시요.
2. 그와 나는 형제가 아니오, 친구랍니다.
3. 다음은 명섭 군이 읽어오. 다음은 명섭 군이 읽어요.
4. (엄마) 철수야. 밥 먹었니? (철수) 네/예 ↔ 아니오 / 아니요.

"하늘을 날으는 에어버스 A350의 얼굴"
"○○은 예의가 발라서 참 잘 컸다고 생각하는 동생이다."

'하늘을 날으는 슈퍼맨'은 맞고 '예의가 발라서'는 틀렸다는 학생들이 꽤 있다. 이는 용언의 규칙적인 음운탈락과 불규칙 활용에 대한 표기 규정을 이해해야 풀 수 있다(한글 맞춤법 제18항 "다음과 같은 용언들은 어미가 바뀔 경우, 그 어간이나 어미가 원칙에 벗어나면 벗어나는 대로 적는다."와 관련한 내용이다).

1. 자동적 교체의 음운탈락

용언의 활용 중, 일정한 환경에서 규칙적으로 일어나는 음운탈락은 'ㄹ' 탈락, 'ㅎ' 탈락, 'ㅡ' 탈락이 가장 대표적이다. 이들 음운탈락 현상의 조건과 그 표기법에 대해 알아보기로 하자.

❶ 'ㄹ' 탈락
- 조건: 'ㄹ' 받침을 가진 용언 + 'ㄴ, ㅂ, ㅅ' 및 '-(으)오, -(으)ㄹ'
- 예시: 날(알)+는 - 나(아)는   cf) 말(勿)+'ㄷ, ㅈ, 아' → 'ㄹ' 탈락

❷ 'ㅎ' 탈락
- 조건: 'ㅎ' 받침을 가진 형용사 + '-(으)니, -을, -으면, -으오' 등의 '으'계 어미 및 종결어미 '-네'
- 예시: 그렇다 - 그러네   cf) '닿-, 놓-, 찧-' 등 동사 / '좋아'

❸ 'ㅡ' 탈락
- 조건: 어간말음이 'ㅡ'로 끝나는 용언 + '-아/어' 계열의 어미
- 예시: 담그다 - 담가, 담갔다

예제2 ▌다음 중 표기가 잘못된 곳을 찾아 바르게 고쳐 보자.

1. 어머니, 그 먼 나라를 알으십니까?
2. 거칠은 벌판으로 달려가자. 젊음의 태양을 마시자.
3. 다음 주말에 철수와 '신과 함께'를 보는 것이 어떻니?
4. 그녀는 비밀 일기를 쓰고 자물쇠로 일기장을 잠궈 놓았다.

2. 용언의 불규칙 활용

한글 맞춤법의 18항에서는 6가지의 불규칙 활용의 표기 규정을 제시하고 있다. 이 중에서 'ㅅ', 'ㄷ', 'ㅂ' 불규칙 활용과 관련한 표기법부터 살피기로 한다.

❶ 'ㅅ' 불규칙 활용
- 조건: 'ㅅ' 받침을 가진 용언 + 모음의 어미 → 어간 받침 'ㅅ' 탈락
- 예시: 짓다(불규칙) - 짓고, 짓지 / 지어, 지을, 지으면 …
  웃다(규 칙) - 웃고, 웃지 / 웃어, 웃을, 웃으면 …

❷ 'ㄷ' 불규칙 활용
- 조건: 'ㄷ' 받침을 가진 용언 + 모음의 어미 → 'ㄷ'이 'ㄹ'로 변함

> ● 예시: 묻다(問, 불규칙) - 묻고, 묻지 / 물어, 물을, 물으면 …
>   묻다(埋, 규 칙) - 묻고, 묻지 / 묻어, 묻을, 묻으면 …
>
> ❸ 'ㅂ' 불규칙 활용
>   ● 조건: 'ㅂ' 받침을 가진 용언 + 모음의 어미 → 'ㅂ'이 'ㅜ' 변함
>   ● 예시: 눕다(불규칙) - 눕고, 눕지 / 누워, 누울, 누우면 …
>   집다(규 칙) - 집고, 집지 / 집어, 집을, 집으면 …

예제3 ▌다음 중 표기가 잘못된 곳을 찾아 바르게 고쳐 보자.

1. 감기 빨리 낳으면 맛있는 거 먹으러 가자.
2. 라면이나 국수 등 면 요리는 불기 전에 먹어야 맛있다.
3. 파르라니 … 두 볼에 흐르는 빛이 정작으로 고워서 서러워라.

'르' 불규칙 활용은 어간말음이 '르'로 끝나는 용언(이르다(至), 누르다(黃), 푸르다(靑) 제외)이 모음의 어미와 만나면 모음 'ㅡ'가 탈락함과 동시에 'ㄹ'이 덧나는 현상을 말한다. 예시문의 '발라서'는 다음의 과정을 거쳐 활용한 말이다.

바르다 : 바르+아서 >   >   >

예제4 ▌다음 중 표기가 잘못된 곳을 찾아 바르게 고쳐 보자.

1. '수능 치루다 지진이 발생하면' / 포항, 여진 긴장 속 "차분히 치뤘다"
2. 집에 오는 길에 마트에 잠시 들려서 과자와 음료를 샀다.

---

3. 접사와 합성어 및 준말의 표기

한글 맞춤법 19항~31항은 접사(접미사, 접두사)가 붙는 말과 합성어 관련 표기법이며, 32항~40항은 준말과 관련한 표기법을 다루고 있다.

> 다음 주 토요일 오전에 보강 있슴.
> 오뚝이와 뻐꾸기의 표기가 다른 이유는 무엇일까?

　어근과 어간에 생산성이 높은 파생 접미사(-이/-(으)ㅁ/-히, 사·피동)가 결합하여 새로운 단어를 형성할 때 어근과 어간의 원형을 밝혀 적어야 한다. 많은 사람들이 '있다'와 '없다'의 명사형을 '있슴', '없슴'으로 알고 있다. 그러나 용언의 어간에 결합하여 명사형을 만드는 접미사는 '-(으)ㅁ'일 뿐, '슴'은 존재하지 않는다.

　'오뚝이, 뻐꾹이'든 '오뚜기, 뻐꾸기'든 한 가지 표기 형태로 통일할 수는 없을까? 다음의 예를 통해 이들의 표기 규칙을 만들어 보자.

어근과 접사의 원형을 밝혀 적음	어근과 접사의 원형을 밝혀 적지 않음
오뚝이 : 오뚝+이	뻐꾸기 : 뻐꾹+이
깔죽이, 눈깜짝이, 더펄이, 삐죽이, 살살이, 홀쭉이	깍두기, 누더기, 부스러기, 얼루기, 칼싹두기

제23항:

예제5 ▌다음 중 표기가 잘못된 곳을 찾아 바르게 고쳐 보자.

1. 그는 젊었을 때 부모님의 속을 썩혔다.
2. 시상식에서 받은 상장과 상금은 어머니께 받쳤다.
3. 오이 볶음: 고추기름의 매콤함이 입맛을 돋구다!

> 햇님과 달님 이야기
> 경칩에는 보릿쌀의 성장상태를 보고 그해의 농사를 예측하기도 했다.

　한글 맞춤법 제30항, '사이시옷'의 표기와 관련한 문제이다. 가장 헷갈리는 표기 중 하나이지만, '사이시옷'을 받쳐 적는 조건은 다음과 같이 단순하다.

❶ '사이시옷' 표기의 **필수** 조건
  - 합성어로서 고유어를 포함하고 있어야 한다.
  - 앞말이 모음으로 끝나야 한다.

❷ '사이시옷' 표기의 **선택** 조건
  - 뒷말의 첫소리가 된소리로 나는 경우   예 냇가, 아랫집
  - 뒷말의 첫소리 'ㄴ, ㅁ' 앞에서 'ㄴ' 소리가 덧나는 경우 예 빗물, 툇마루
  - 뒷말의 첫소리 모음 앞에서 'ㄴㄴ' 소리가 덧나는 경우 예 훗일, 나뭇잎

사이시옷 표기의 조건에 따라 '햇님'은 '해님'으로 표기해야 한다. 어근(해)과 접사 (님)가 결합한 파생어로 필수 조건을 만족하지 못하기 때문이다.

예제6 ▌다음 중 표기가 잘못된 곳을 찾아 바르게 고쳐 보자.

1. 증시 싯가(時價) 총액 2천 조 돌파 / 핑큿빛
2. 만두국, 북어국, 김치국 / 장맛비, 횟집, 찻잔
3. 아랫니, 제삿날, 뒷머리 / 머릿말, 예삿말, 인삿말

예제7 ▌다음 표기의 규정에 대해 알아보자.

1. 곳간(庫間), 셋방(貰房), 숫자(數字), 찻간(車間), 툇간(退間), 횟수(回數)
2. 보릿쌀 / 허리띠, 갈비뼈, 뒤뜰

유○○ 대표가 "세계 무대를 누비는 해운 전사가 돼라고 주문했다."
(어머니→아들) "철수야 나중에 착한 사람이 되라."

모음으로 끝난 어간에 '-아/-어' 계열의 어미가 연결될 때 준말로 표기할 수 있다. '꼬 -아>꽈, 꼬-았다>꽜다, 견디-어>견뎌'와 같다. 예문의 첫째 문장은 간접화법의 '되라' 로, 둘째 문장은 직접화법의 '돼라'로 수정해야 한다.

63

❶ 'ㅚ' + '-어, -었' > 왜, 왰
- 예) 되어> 돼, 되었다 > 됐다

❷ 'ㅏ, ㅕ, ㅗ, ㅜ, ㅡ' + '-이' > ㅐ, ㅖ, ㅚ, ㅟ, ㅢ
- 예) 싸이다 > 쌔다, 펴이다 > 폐다, 보이다 > 뵈다, 누이다 > 뉘다,
  뜨이다 > 띄다, 쓰이다 > 씌다

❸ '싸이-, 보이-, 쏘이-, 누이-, 쓰이-, 트이-' + '-아/어' 계열
- 예) 싸이+어 > 쌔어, 싸여 보이+어 > 뵈어, 보여
  뜨이+어 > 띄어, *뜨여

예제8 ▌다음 중 표기가 잘못된 곳을 찾아 바르게 고쳐 보자.

1. 선생님, 내일 수업 시간에 뵈요.
2. 다칠 수 있으니까 헐거워진 나사를 죄야 한다.
3. 그녀는 얼굴에 미소를 가득 띠고 활짝 웃고 있었다.
4. 윤식당의 촬영지인 스페인 마을의 붉은 지붕이 눈에 따다.
5. 어제 산에 벌초를 갔다가 벌에 쏘이었다 / 쐬었다 / 쏘였다.

은행 업무는 모바일 기기를 통해 빠르고 간편케 처리할 수 있다.
어린 시절 넉넉치 않은 가정형편 속에서도 큰 미래를 꿈꿨다.

예문에서 표기에 주의해야 할 것은 '간편케'와 '넉넉치'이다. 이들의 본말은 '간편하게'와 '넉넉하지 (않다)'로 어간의 끝 음절 '하-'의 주는 형태에 따라 표기법이 달라진다.
'간편하게'는 어간의 끝 음절 '하-'의 'ㅏ'가 줄고 'ㅎ'이 다음 음절의 첫소리와 어울려 거센소리가 된다. 그러나 '넉넉하지'는 어간의 끝 음절 '하' 전체가 줄어 '넉넉지'가 된다.
그렇다면, 어간의 끝 음절 '하'가 주는 두 가지 유형의 기준은 무엇일까? 다음을 통해 그 기준을 탐구해 보자.

'-하'의 모음 'ㅏ'만 탈락	'-하'의 '하' 전체 탈락
흔하다: 이 일은 흔치 않은 일이다. **정결**하다: 늘 집안 분위기가 정결타. **무심**하다: 그는 무심코 하늘을 본다. **다정**하다: 그들은 다정케 손을 잡다. **연구**하도록: 언어를 연구토록 하였다.	**생각**하건대: 생각건대 **거북**하지 않다: 거북지 않다. **답답**하지 않다: 답답지 않다. **섭섭**하지 않다: 섭섭지 않다. **깨끗**하지 못해: 깨끗지 못하다.

제40항:

예제9 ▌ 다음 중 표기가 잘못된 곳을 찾아 바르게 고쳐 보자.

1. 그는 엄마의 말에 가타부타 말이 없다.
2. 그는 화가 못치않게 그림을 잘 그린다.
3. 철수는 귀찮은 일에 나서기를 서슴치 않는다.
4. 최근 들어 미국과 중국의 경제가 심상지 않다.
5. 이사 온 지 며칠 안 돼 이 지역 지리에 익숙치 않다.

4 띄어쓰기와 그 밖의 표기

『한글 맞춤법』 제5장은 '띄어쓰기', 제6장은 '그 밖의 것'에 대한 표기 규정이다.

1. 띄어쓰기

> 너 <u>같이</u> 바보 <u>같은</u> 녀석은 처음 본다.
> "숙제 <u>하는데</u> 얼마나 걸려?" "운동 열심히 <u>하는 데</u> 살이 안 빠져요."

띄어쓰기에서 '조사'는 앞말에 붙여 쓰고, '의존 명사'는 띄어 쓴다. 그러나 조사와 의존 명사를 구분하기 어려울 때가 많아 띄어쓰기가 쉽지 않다.

'같이'는 조사로 앞말에 붙여 쓰지만 '같은'은 형용사 '같다'의 활용형으로 앞말에 띄어 쓴다. 한편, '데'가 '곳, 장소, 일, 것, 경우'의 뜻을 지니는 의존 명사일 경우에는 앞말과 띄어 쓴다. 그러나 상황을 설명하는 연결 어미인 '-는데'는 앞말에 붙여 쓰는 것이 맞다.

예제1 ▌다음 중 띄어쓰기가 잘못된 곳을 찾아 바르게 고쳐 보자.

> 1. ㄱ. 돈이 만 원 밖에 없어 빌려줄 수 없어.
>   ㄴ. 최종 합격자는 너 밖에도 여러 명이 있다.
>
> 2. ㄱ. 엄마 말 안 들었다가는 반드시 후회할 걸.
>   ㄴ. 중고로 구매했는데 신상품으로 할걸 후회되네.
>
> 3. ㄱ. 과제를 검토한 바 맞춤법 오류가 많습니다.
>   ㄴ. 이왕 힘들게 여기까지 온바 정상까지 올라갑시다.

> 자우림 노래, '<u>스물 다섯 스물 하나</u>' / '<u>스물다섯 스물하나</u>'
> 우리 '<u>한주에 한번</u>' / '<u>한 주에 한 번</u>' 모여 조별 과제를 하자.

수를 적을 때에는 '만'(萬) 단위로 띄어 쓰고, 단위를 나타내는 명사는 띄어 쓴다(단, 금액의 경우 변조 등의 사고를 막기 위한 붙여 쓰기를 허용한다).

예제2 ▌ 다음 중 띄어쓰기가 잘못된 곳을 찾아 바르게 고쳐 보자.

1. 나이가 약 30세 가량 되어 보이는군.
2. 이무영의 단편 소설, 제1과 제1장 / 제일과 제일장
3. 축제 때 우리 학교에 한 번 놀러 오세요.
4. 그 과제는 제가 일단 한 번 해 보겠습니다.

나의 꿈은 가수겸 배우이다.
김군, 자네 어디를 그리 급하게 가나?

두 말을 잇거나 열거하는 단어(내지, 대, 및, 등)와 성과 이름 뒤의 호칭어(씨, 님, 양)는 띄어 써야 한다.

예제3 ▌ 다음 중 띄어쓰기가 잘못된 곳을 찾아 바르게 고쳐 보자.

1. 잠실에서 한국대 일본의 야구 경기가 열렸다.
2. 수학의 함수 중, 일 대 일 대응에 대해 간단히 알아보자.
3. 폭발 직전 차량서 운전자 구한 이중근씨에게 LG 의인상 전달
4. 허난설헌은 양천 허 씨 허엽의 딸로 태어났다. 이름은 초희였다.

등산을 했더니 땀이 비 오듯 한다.
하늘의 먹구름을 보니 곧 비가 올듯 하다.

'듯'과 '하다'의 관계를 이해할 수 있어야 한다. '-듯'은 어간에 직접 결합하는 어미이며, '듯하다'는 동사나 형용사, 또는 '이다'의 관형사형 뒤에 쓰여 앞말이 뜻하는 사건이나 상태 따위를 짐작하거나 추측함을 나타내는 보조 형용사이다.

예제4 ▌ 다음 중 띄어쓰기가 잘못된 곳을 찾아 바르게 고쳐 보자.

1. 저 사람은 변덕이 죽 끓듯하다.
2. 오늘 좋은 일이 있을 듯하다 / 있을듯하다.

67

한편, 의존 명사 '양, 척, 체, 만, 법, 듯' 등에 '-하다'나 '-싶다'가 결합하여 된 보조 용언(으로 다루어지는 것)의 경우 앞말에 붙여 쓸 수도 있다. "비가 올 듯하다."를 원칙으로 하고, "비가 올듯하다."를 허용한다.

2. 그 밖의 표기

> 더 이상 가까이 오지 마세요.
> 구입 전 교환 환불 규정을 꼼꼼이 살펴봐야 한다.

부사 뒤에 이어지는 파생 접미사 '-이'와 '-히'의 표기를 구분할 수 있어야 한다. 한글 맞춤법 제51항의 요지는 "끝음절이 분명히 '-이'로 나는 경우를 제외하곤 모두 '-히'로 적어라"는 것이다. 그러나 실제 [가까이], [가까히]처럼 발음의 변이가 상당하여 구분하기가 쉽지 않다. 다음의 형태론적 조건을 기억하면 도움이 될 것이다.

❶ '-하다'가 붙는 어근 + '-히'
  • 예) 꼼꼼히, 쓸쓸히, _____

  (단) '-하다'가 붙더라도 어근의 받침이 'ㅅ'인 경우 + '-이'
  • 예) 가붓이, 깨끗이, _____

❷ 'ㅂ' 불규칙 용언의 어간 + '-이'
  • 예) 가까이, 괴로이, _____

❸ '첩어 또는 준첩어인 명사' + '-이'
  • 예) 간간이, 틈틈이, _____

❹ 홀로 쓰이는 부사 + '-이'
  • 예) 일찍이, 곰곰이, _____

교수님, 연구실로 보고서 내러 갈께요.
중간시험 대체 과제물은 무엇으로 제출할까요?

어미 '-(으)ㄹ거나, -ㄹ걸, -ㄹ게, -ㄹ세' 등에서 'ㄹ' 뒤의 예사소리가 된소리로 바뀌는 것은 규칙적인 현상으로 표기에 반영할 필요가 없이 원형을 밝혀 적는다. 그러나 의문형 어미 '-까?'는 'ㄹ'의 뒤가 아닌 다른 경우에도 항상 '-까'로 소리 나는 것을 표기에 반영한 결과이다.

한글 맞춤법의 마지막 제57항은 발음이 같은 단어를 의미에 따라 구별해 적어야 하는 예들을 제시하고 있다. 각각의 차이에 대해 알아보기로 하자.

1	가름 – 갈음	어름 – 얼음
2	거치다 – 걷히다	걷잡다 – 겉잡다
3	다리다 – 달이다	목거리 – 목걸이
4	반드시 – 반듯이	시키다 – 식히다
5	안치다 – 앉히다	이따가 – 있다가
6	저리다 – 절이다	조리다 – 졸이다
7	주리다 – 줄이다	마치다 – 맞히다
8	바치다 – 받치다	받히다 – 밭치다
9	부치다 – 붙이다	다리다 – 달이다
10	다치다 – 닫히다 – 닫치다	느리다 – 늘이다 – 늘리다

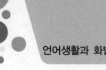
3. 주의해야 할 표기

발음 형태가 같거나 비슷한 단어를 정확히 구별해 사용해야 하듯 비슷한 의미를 지니는 단어 또한 문장의 쓰임에 맞게 써야 한다. 또한 어법에 맞지 않는 표현도 주의해야 한다.

> 서해안 고속도로를 달리던 화물차가 앞차를 추돌하였다.
> 제주 서귀포시 도로에서 1t 트럭과 쏘나타 등 승용차 2대가 충돌했다.

여러분은 교통사고와 관련한 단어 '추돌'과 '충돌'의 의미 차이를 아나요?

먼저, 첫째 예문에서 '추돌'의 의미를 짐작할 수 있다. 즉 뒤차가 앞차를 들이받는 사고를 의미한다. 반면 '충돌'은 "마주 오던 버스와 택시가 충돌하여 두 명이 다쳤습니다."처럼 서로 맞부딪치거나 맞서는 것을 의미한다.

> 모든 국민들은 쓰레기 분리수거에 앞장서야 한다.
> 쓰레기 감량과 재활용을 위해 분리수거를 제도화해야 한다.

우리 정부는 환경 보호를 위해 오래전부터 '분리수거'를 제도화하고 있다. 이에 맞춰 국민 모두 재활용 쓰레기와 그렇지 않은 쓰레기를 분리해서 버리고 있다. 환경을 위해 바람직한 제도이다.

그런데 정부나 지자체에서 국민들에게 분리수거를 하라는 말이 이상하지 않나? '분리'까지는 할 수 있지만 왜 우리가 수거까지 해야 하는 것일까? '분리수거'의 사전적 정의는 다음과 같다.

■ 분리-수거[명사]

종류별로 나누어서 버린 쓰레기 따위를 거두어 감. '따로 거두기', '따로 거두어 가기'로 순화.

'분리수거'의 사전적 정의에 따르면 이는 쓰레기를 거둬가는 업체에게 할 수 있는 말이다. 따라서 첫 예문의 분리수거는 '분리 배출'로 바꾸어 써야 한다.

> "저희 나라 사람들은 매사에 성격이 너무 급해요."
> "저희 나라에서는 설날에 세배를 합니다."

예문의 어떤 표현이 어색한가?

'저희 나라'라는 표현은 바르지 않다. '□□□□'로 표현해야 한다. 같은 한국 사람끼리 이야기하면서 '우리'의 낮춤말인 '저희'를 쓸 필요가 없기 때문이다.

그럼, '우리'의 낮춤말인 '저희'는 언제 사용할 수 있을까? 먼저, 대명사 '우리'의 의미는 다음과 같다.

① 화자가 청자를 포함하지 않고 자신과 그 주위의 사람을 집단적으로 가리킨다. 예)
"우리 학교는 하와이 어학 프로그램이 있어, 너희는 어때?"
② 화자가 청자를 포함하여 함께 이른다. 예)"철수야, 우리 같이 가자."

'우리'가 ①의 의미일 때는 '저희'라는 겸양어를 쓸 수 있다(선생님, 저희 학교는 하와이 어학 프로그램이 있어요). 그러나 청자를 포함하는 ②의 의미일 때는 '저희'를 쓸 수 없다. 왜냐하면 상대에게 자신과 자신의 집단을 낮춰 말할 수는 있으나 청자를 포함하는 집단을 낮춰 말할 수 없기 때문이다.

그렇다면 위의 두 표현이 외국인 청자에게 한 말이라면 어떻게 될까? 이 경우 청자를 포함하지 않는 '우리'①의 낮춤말로 '저희'를 사용할 수 있을까?

이 경우에도 '우리나라'를 '저희 나라'로 낮추어 말할 수는 없다. '나라'나 '민족'과 같은 집단은 비록 청자가 포함되지 않는다 하더라도 한 구성원이 낮추어 말하기에는 너무 클뿐더러 또한 다른 집단과 다른 어떤 절대성(그리하여 겸양을 허용치 않는)이 느껴지기 때문이다(국립국어연구원, 2001:178).

> "예부터 이르기를 자식을 길러 봐야 부모 사랑을 안다고 했어."
> "옛부터 전하여 내려오는 동요, 동화, 민요 등이 있다."

예문의 '예부터'와 '옛부터' 중 바른 표기는 전자이다. '예'와 '옛'의 품사를 이해할 수 있으면 사용에 어려움이 없는 형태이다.

■ 예[명사]
(주로 '예나', '예로부터' 꼴로 쓰여) 아주 먼 과거.

■ 옛[관형사]
지나간 때의.

명사인 '예'는 조사 '부터'가 결합할 수 있음에 반해 관형사인 '옛'은 조사와의 결합이 불가능하다. 또한 '예'와 '-스럽다'(일부 어근 뒤에 붙어, '그러한 성질이 있음'의 뜻을 더하고 형용사를 만드는 접미사)가 결합한 '예스럽다'나 이의 활용인 '예스러운 멋'도 바른 표기이다. 그러나 관형사 '옛'에 '-스럽다'가 결합한 '옛스러운 멋'은 잘못이다.

관형사 '옛'은 명사를 수식하거나 후속하는 명사와 합성어가 될 수 있다. 예를 들면, '옛 기억, 옛 친구, 옛 추억'이나 '옛사랑, 옛말, 옛날, 옛집, 옛정' 등과 같이 쓸 수 있다.

잘못쓰기, 또는 시적 허용의 아름다움

- 정여울, 서울경제, 2018.01.05.

가끔씩 틀린 맞춤법이나 어긋난 문법이 뜻밖의 깨달음을 줄 때가 있다. '설레임'이라는 아이스크림 이름은 틀린 맞춤법으로 표기되어 있지만 어쩐지 '설렘'보다는 '설레임'의 어감이 애틋하다. 내가 일부러 설레고픈 것이 아니라 '설레임'을 나 스스로 제어할 수 없을 만큼 그 감정은 통제할 수 없는 것, 어쩔 수 없음의 영역이 아닐까. "행복하자", "아프지 말자"는 말도 어법상 어긋나지만 말하는 이의 간절함이 그 불가능한 청유형 속에 깃들어 있다. 형용사로 청유형이나 명령형 문장을 만들지 않는다는 규칙은 너무 억압적인 것이 아닌가. 때로는 '슬퍼하지 말아요'라는 올바른 문장보다 '슬프지 말아요'라는 어긋난 문장 속에 진심을 소담스럽게 담아내고 싶어진다. 김소월의 '진달래꽃'에서 "가시는 걸음걸음 놓인 그 꽃을/사뿐히 즈려밟고 가소서"가 아니라 "지르밟다"라는 표준어를 썼다면 과연 그 느낌이 제대로 전달되었을까. '즈려밟다'만의 안타깝고 무참한 시적 울림은 결코 올바른 문법의 표현, '지르밟다'가 대체할 수 없는 시적 허용의 아름다움이다.

천양희 시인의 '바다 보아라'를 읽다가 가끔씩 나에게 보내는 문자메시지에서 맞춤법을 틀리게 쓰시는 우리 어머니 생각이 나서 울컥 하는 그리움이 밀려왔다.

자식들에게 바치느라
생의 받침도 놓쳐버린
어머니 밤늦도록
편지 한 장 쓰신다
'바다 보아라'
받아보다가 바라보다가

바닥 없는 바다이신
받침 없는 바다이신

어머니 고개를 숙이고 밤늦도록
편지 한 장 보내신다
'바다 보아라'
정말 바다가 보고 싶다

이 시를 읽다 보면 '받아보아라'를 '바다보아라'고 잘못 쓰신 시인의 어머니가 우리 어머니처럼 정겹게 느껴진다. '바다 보아라'라는 틀린 맞춤법이 오히려 시인으로 하여금 바다를 뛰어넘는 깊이와 넓이로 자식을 사랑하는 어머니를 생각하게 만든 것이 아닐까. 이 시에서 어머니의 틀린 맞춤법은 실수나 무지가 아니라 해맑은 순수의 영롱한 울림으로 다가온다.

우리 어머니도 딸들에게 문자메시지를 보낼 때마다 많은 어려움을 겪으신다. 황반변성을 오랫동안 앓아 오신 내 어머니는 낮에도 눈이 침침하고 사물이 흐릿하게 얼룩지는 고통을 느끼신다. 그래도 딸들에게 문자메시지 한 통이라도 더 보내려고 돋보기를 더듬더듬 찾아 끼고 정성들여 문자메시지를 빚어내는 우리 어머니. 나는 한 번도 어머니의 틀린 맞춤법을 타박하지 않았다. 오히려 너무 완벽한 문장이 도착하면 괜히 서운하고 재미없게 느껴질 정도로, 엄마의 틀린 맞춤법은 정겹고 그리운 '울엄마'의 트레이드마크다.

물론 공식적인 글쓰기에서 밥 먹듯 시적 허용이나 틀린 맞춤법을 용인하자는 이야기는 아니다. 하지만 때로는 더 창조적일 수도 있고 때로는 더 아름다울 수 있는 언어의 자유로운 흘러넘침을 지나치게 가로막지는 말았으면 좋겠다. 때로는 비표준어와 표준어의 경계를 다시 묻게 만드는 단어도 있다. '잊혀지다'는 사전에서 "'잊히다'의 비표준어"로 등록되어 있다. 하지만 '잊히다'가 아니라 꼭 '잊혀지다'라는 표현을 써야 어울릴 것 같은 경우가 있다. '잊히지 않는 추억들'보다는 '잊혀지지 않는 추억들'이라고 말하고 싶을 때가 있다. '잊히다'는 '잊다'의 수동태이지만 '잊혀지다'는 자신도 모르게 서서히 망각되는 것이 아닐까. '잊다'의 수동태일 때는 '잊히다'를 쓰고, 서서히 조금씩 기억이 사라지는 경우는 '잊혀지다'를 허용해줌이 어떨까. 문법이나 맞춤법은 물론 중요하지만 가끔은 이런 언어의 정해진 율법을 뛰어넘는 과감한 언어의 질주, 춤추듯 자연스럽게 덩실덩실 펼쳐지는 언어가 그리워진다. '이건 맞고 저건 틀리다'고 주장하는 사람이 아니라 '이건 왜 맞는 거지?' '저건 정말 틀린 걸까?'하고 끊임없이 질문할 줄 아는 열린 마음을 간직하고 싶다. 마침내 구성진 사투리도 해학이 넘치는 시적 허용도 언제든지 남의 눈치 안 보고 자유롭게 구사하는 사람들이 넘쳐났으면. 우리말을 사랑하는 사람들이 가혹한 언어의 재판관이 아니라 아름다운 시적 허용의 사례를 밤새도록 끝없이 읊을 수 있는 낭만과 열정을 지닌 사람들이었으면 좋겠다. 신조어나 유행어에 골몰하며 '난 시대에 뒤떨어졌다'고 생각할 것이 아니라, 굳이 시인이 아니더라도 더 풍요롭고 더 아름다운 언어의 눈부신 가능성을 일상 속에서 실험하는 아름다운 언어의 동지들이 많아졌으면 좋겠다.

마당 나오기

● 우리말에는 우리 민족의 얼과 사상이 녹여져 있다.

● 한글 맞춤법은 표준어를 소리대로 적되 어법에 맞도록 한다.

● 언어의 힘을 생각하며 우리말 어문 규범에 따른 품위 있는 언어생활을 하자.

---

1. 종결 어미 '-데'와 '대'의 차이에 대해 알아보자.

● 영희가 휴학한대 / 휴학한데. ● '신과 함께' 재미있대 / 재미있데.	● 방송이 참 좋대 / 좋데. ● 가평에 위치한 집이 크대 / 크데.

---

2. 다음 설문 조사의 결과에 대해 생각해 보자.

맞춤법 실수로 이성에 대한 호감이 식을까?
- 남성: '(병이) 낫다'>'낳다'(21.3%), (이야기 준말) '얘기'>'예기'(15.3%), '무난하다'>'문안하다'(14.7%), '안 해'>'않 해'(10.9%), '어이없다'>'어의없다'(8.6%)
- 여성: '(병이) 낫다'>'낳다'(25.5%), '무난하다'>'문안하다'(15.6%), '않해'>'안 해'(13.8%), '얘기'>'예기'(12.2%), '(남녀의) 연애'>'연예'(10%)

---

3. 다음 문장의 의미를 생각해 보고, 올바른 표기를 찾아보자.

한 나라의 말과 글이 (있음에 / 있으매) 민족이 존재한다.

교양인의 언어

마당 열기

　　조선어학회는 1933년 『한글 마춤법 통일안』을 공포한 후, 3년 뒤인 1936년 『사정한 조선어 표준말 모음』을 완성함으로써 최초의 국어 표준어 규정을 마련하였다(사실 엄밀한 의미에서 표준어에 대한 개념이나 의식 등은 이미 아래에서 보듯 『한글 마춤법 통일안』부터 싹 텄다. 통일안의 부록 1에 표준어의 일부가 8개 항목으로 분류되어 있었고, 이를 사정한 결과가 『사정한 조선어 표준말 모음』이다).

> 제1장　총론
> (1) 한글 마춤법[綴字法]은 <u>표준말</u>을 그 소리대로 적되, 어법에 맞도록 함으로써 원칙을 삼는다.
> (2) <u>표준말</u>은 대체로 중류 사회에서 쓰는 서울말로 한다.

　　1936년의 『사정한 조선어 표준말 모음』은 이후 국어사전 편찬과 실 언어생활의 지침서로서 역할을 담당하였다. 그 후, 국민들의 언어생활에 많은 변화가 일어나고 달라지거나 혼용되어 쓰이는 말들이 생겨 표준어 개정이 필요하게 되었다. 이 개정안이 1988년 1월 19일 문교부 고시 제88-2호로 공표된 현행 『표준어 규정』이다(제1부 '표준어 사정 원칙'과 제2부 '표준 발음법'으로 구성되어 있다).

● 국립국어원은 언어 사용 실태 조사 및 여론 조사의 결과를 어문규범에 반영하기 위해 2011년, 2012년, 2014년, 2015년, 2016년에 표준어 개정 작업을 진행하였다. 표준어는 국민들의 의사소통의 불편을 해소하고, 한 나라의 국민을 언어적으로 통일시켜 주는 기능을 한다.

● 사회 각 계층의 언어 변이(특히 청소년의 언어 사용)에 따르는 여러 문제를 해결하기 위한 표준어 교육의 효과에 대해 생각해 보자.

마당 들어가기

1 『표준어 규정』의 개요

『표준어 규정』은 다음과 같이 제1부 '표준어 사정 원칙'과 제2부 '표준 발음법'으로 구성되어 있다.

<표준어 사정 원칙>

장(내용)		절	항
제1장	총칙		제1항 ~ 제2항
제2장	발음 변화에 따른 표준어 규정	제1절 자음 제2절 모음 제3절 준말 제4절 단수 표준어 제5절 복수 표준어	제3항 ~ 제7항 제8항 ~ 제13항 제14항 ~ 제16항 제17항 제18항 ~ 제19항
제3장	어휘 선택의 변화에 따른 표준어 규정	제1절 고어 제2절 한자어 제3절 방언 제4절 단수 표준어 제5절 복수 표준어	제20항 제21항 ~ 제22항 제23항 ~ 제24항 제25항 제26항

<표준 발음법>

장(내용)		항
제1장	총칙	제1항
제2장	자음과 모음	제2항 ~ 제5항
제3장	소리의 길이	제6항 ~ 제7항
제4장	받침의 동화	제8항 ~ 제9항

장(내용)		항
제5장	소리의 동화	제10항 ~ 제22항
제6장	된소리되기	제23항 ~ 제28항
제7장	소리의 첨가	제29항 ~ 제30항

『표준어 규정』의 '표준어 사정 원칙'과 '표준 발음법'의 총칙은 다음과 같다.

제1항 표준어는 □□ 있는 사람들이 두루 쓰는 □□ □□□로 정함을 원칙으로 한다.
제2항 외래어는 따로 사정한다.

제1항 표준 발음법은 표준어의 실제 발음을 따르되, 국어의 전통성과 합리성을 고려하여 정함을 원칙으로 한다.

2 표준어 사정(査定)과 비표준어

십년(十年)을 경영(經營)하여 초려 삼간(草廬三間) 지여내니
나 한 칸 달 한 칸에 청풍(淸風) 한 칸 맡겨 두고
강산(江山)은 들일 데 없으니 둘러 두고 보리라

1. 제2장 발음 변화에 따른 표준어 규정

'표준어 사정 원칙'의 제2장은 언어 변화 중 발음의 변화가 현저하여 종래의 표준어를 개정한 것을 다루고 있다. 언어의 변화를 모두 표준어 개정에 반영하는 일은 쉽지도 않고 바람직하지도 않지만, 그 차이가 워낙 현저하여 도저히 고형(古形)을 더 이상 유지하기 어려운 경우만 새 형태를 표준어로 사정한다.

❶ '칸'은 원래 한자어 '간(間)'에서 온 말이다. 그러나 현재는 발음이 변한 '칸'을 표준어로 삼는다(다만, 예외적으로 '간'을 사용하기도 한다).

- '칸':
- '간':

❷ '강남(江南)콩'과 '삭월세(朔月貰)'는 어원이 뚜렷함에도 어원에서 멀어진 다음의 형태를 표준어로 삼는다.

- 강남콩 → ☐☐☐
- 삭월세 → ☐☐☐

❸ '빌다'는 [乞, 祝]의 의미를 지니고, '빌리다'는 [借, 貸]의 의미를 지닌다.

- 이 자리를 (빌리다) 감사의 뜻을 전합니다.　　→ ☐☐
- 그들 부부는 집집마다 다니며 밥을 (빌다) 먹다. → ☐☐

예제1 ▌다음 중 '수'와 '숫'의 쓰임에 대해 탐구해 보자.

소, 꿩, 놈, 쥐, 양, 개, 말, 사돈, 염소, 사자, 나사, 돼지

- '수'와 결합:
- '숫'과 결합:

↪ 표기 규칙①

- '수' + '강아지, 개, 것, 닭, 기와, 돼지, 당나귀, 병아리, 돌쩌귀' / '개미, 벌'
  _____ / _____

↪ 표기 규칙②

자음의 발음 변화를 표준어 사정의 기준으로 정함과 동시에 모음의 발음 변화 또한 이의 충분한 기준이 된다.

❶ 모음조화의 파괴로 양성 모음이 음성 모음으로 바뀌어 굳어진 형태를 표준어로 삼는다(다만, 어원 의식이 강한 몇몇 단어는 양성 모음 형태를 그대로 표준어로 삼는다).

- "토끼는 깡총깡총 뛰지 않더라. 2M씩 뛰더라" - 정법 동준
- 진도대교는 해남 우수영과 진도 녹진을 이어주는 쌍둥이 다리이다.
- ○○ 주민과 함께하는 여행 '삼춘 마을' 사업체 모집
- 결혼식이나 장례식 갈 때, 부주·부조 중 뭐가 맞는 말?

❷ 'ㅣ' 모음 역행동화('-내기, 냄비, 동댕이치다'만 인정)의 발음은 방언에서 흔한 현상으로 표준어로 인정하지 않는다. 그리고 원래 이중모음이었던 것이 단모음화한 형태들은 표준어로 삼는다.

- 애비는 종이었다. … 손톱이 까만 에미의 아들. -서정주 '자화상'
- 폭염특보가 발령된 오늘, 아스팔트에 아지랭이가 피어 오르고 있다.
- 양복장이가 만들어준 양복을 입으니 너도 멋장이가 되는구나.
- 월요일 첫 대화는 으레 '주말에 뭐 했는지' 묻는 걸로 시작한다.

❸ 다음은 한 가지 모음 변화의 현상으로 묶기 어려운 것들이다. 구체적 용례 중심으로 각각의 쓰임을 이해하자.

- 흡연 고교생 나무래다 폭행…불구속 입건
- 울진 비행훈련원 72시간 공개 '날고 싶은 간절함 바램'
- ○씨는 시장에서 미싯가루와 상치를 팔며 어려운 이웃을 도왔다.
- 비표준어였던 '주책이다'와 '주책맞다'를 표준어로 새로 개정하였다.

예제2 ▌ 다음 중 '윗', '웃', '위'의 쓰임에 대해 탐구해 보자.

목, 몸, 옷, 입술, 머리   풍, 국, 거름, 어른   짝, 쪽, 층, 턱

- '윗'과 결합:
- '웃'과 결합:
- '위'와 결합:

※ 1. '윗', '웃'과 결합하는 단어들의 차이('위-아래' 대립)에 집중!
  2. '위'와 결합하는 단어들의 초성의 특징에 집중!

• 다음 두 표현의 차이는 무엇일까?

| 윗옷 | 웃옷 | | 뒷풀이 | 뒤풀이 |

준말과 본말의 두 형태가 공존하는 경우, 어느 한 가지를 표준어로 삼거나 둘 다를 표준어로 삼는다.

❶ 본말보다 준말이 널리 쓰이면, 준말만을 표준어로 삼는다.

- 오늘 저녁은 맛있는 소고기 무우국을 끓였어요.
- 모습이 마치 구렁이와 뱀이 또아리를 틀고 있는 형상이군.
- '새양쥐 상륙작전'은 박○○이 출연한 1989년 영화 제목이다.

❷ 준말과 본말 두 형태가 다 널리 쓰이면, 둘 다를 표준어로 삼는다.

- 서쪽 하늘에 저녁노을 / 저녁놀이 붉게 물들었다.
- 때리는 시어머니보다 말리는 시누이 / 시뉘 / 시누가 더 밉다.
- 며칠 동안 산사에 머무르면서 / 머물러 잠시나마 요양을 하였다.

❸ 의미 차이가 없는 유사한 발음의 몇 형태가 쓰일 경우, 널리 쓰이는 한 형태만을 표준어로 삼는다.

- 천정에서 물이 떨어집니다. 이곳에 주차 금지!
- '봉숭아'와 '봉숭화' 중 표준어인 것은? 그럼 '봉선화'는 뭐지?
- "우리 딸, 이쁘다 내 새끼."

예제3 ▍ 다음 중 '서/석'(三), '너/넉'(四)의 쓰임에 대해 탐구해 보자.

• 1과 2의 □ 안에 들어갈 수 있는 수관형사는 무엇일까?

1. 금 □ 돈, 쌀 □ 말, 길이 □ 발, 돈 □ 푼
2. 엽전 □ 냥, 쌀 □ 되, 공양미 □ 섬, 비단 □ 자

※ 수관형사 '서/석', '너/넉' 뒤에 놓이는 단위성 의존 명사에 집중!

종종 '어이없다'와 '어의없다'를 '헷갈려/헛갈려' 하는 사람들이 있다.
'어이'는 '일이 너무 뜻밖이어서 기가 막히다'는 뜻으로 '어처구니'와 같은 말이다.
'어이'와 '어처구니'는 주로 '없다'와 함께 쓰인다.

2. 제3장 어휘 선택의 변화에 따른 표준어 규정

'표준어 사정 원칙'의 제3장은 발음상의 변화가 아니라 어휘적으로 형태를 달리하는
단어들을 사정의 대상으로 삼고 있다.

❶ 다음 쪽의 <참고자료>를 보고, 현재 표준어와 추가된 표준어를 구분해 보자.

- 만날 : 맨날
- 품세 : 품새
- 태견 : 택견
- 자장면 : 짜장면
- 먹을거리 : 먹거리

❷ 다음 단어들의 의미 차이와 그 정확한 용법을 알아보자.

- 홀몸 : 홑몸
- 갑절 : 곱절
- 손자 : 손주
- 낟알 : 낱알
- 괴발새발 : 개발새발

❸ 다음 각 쌍의 단어 중 표준어에 해당하는 것을 골라 보자.

- 금새 : 금세
- 왠지 : 웬지
- 눈곱 : 눈꼽
- 짜깁기 : 짜집기
- 닭개장 : 닭계장

참고자료 1   2013년도 추가 표준어

◎ 현재 표준어와 같은 뜻으로 추가로 표준어로 인정한 것(11개)

현 재 표준어	간지럽히다	남사스럽다	등물	맨날	묫자리	복숭아뼈
추가된 표준어	**간질이다**	**남우세스럽다**	**목물**	**만날**	**묏자리**	**복사뼈**

현 재 표준어	세간살이	쌉싸름하다	토란대	흙담	허접쓰레기
추가된 표준어	**세간**	**쌉싸래하다**	**고운대**	**토담**	**허섭스레기**

◎ 현재 표준어와 별도의 표준어로 추가로 인정한 것(25개)

현재 표준어	~기에	~길래: '~기에'의 구어적 표현.
추가된 표준어	**~길래**	

현재 표준어	괴발개발	괴발개발은 '고양이의 발과 개의 발'이라는 뜻.
추가된 표준어	**개발새발**	개발새발은 '개의 발과 새의 발'이라는 뜻.

현재 표준어	날개	'나래'는 '날개'의 문학적 표현.
추가된 표준어	**나래**	

현재 표준어	냄새	'내음'은 향기롭거나 나쁘지 않은 냄새로 제한됨.
추가된 표준어	**내음**	

현재 표준어	눈초리	눈초리: 어떤 대상을 바라볼 때 눈에 나타나는 표정.
추가된 표준어	**눈꼬리**	눈꼬리: 눈의 귀 쪽으로 째진 부분.

현재 표준어	떨어뜨리다	'떨구다'에 '시선을 아래로 향하다'라는 뜻 있음.
추가된 표준어	**떨구다**	

현재 표준어	뜰	'뜨락'에는 추상적 공간을 비유하는 뜻이 있음.
추가된 표준어	**뜨락**	

현재 표준어	먹을거리	먹거리: 사람이 살아가기 위하여 먹는 음식을 통틀어 이름.
추가된 표준어	**먹거리**	

현재 표준어	메우다	'메꾸다'에 '무료한 시간을 적당히 또는 그럭저럭 흘러가게 하다.'라는 뜻이 있음.
추가된 표준어	**메꾸다**	

현재 표준어	손자(孫子)	손자: 아들의 아들. 또는 딸의 아들.
추가된 표준어	**손주**	손주: 손자와 손녀를 아울러 이르는 말.

현재 표준어	어수룩하다	'어수룩하다'는 '순박함/순진함'의 뜻이 강한 반면에, '어리숙하다'는 '어리석음'의 뜻이 강함.
추가된 표준어	**어리숙하다**	

현재 표준어	연방	'연신'이 반복성을 강조한다면, '연방'은 연속성을 강조.
추가된 표준어	**연신**	

현재 표준어	힁허케	힁허케: '휭하니'의 예스러운 표현.
추가된 표준어	**휭하니**	

현재/추가 표준어	거치적거리다/**걸리적거리다**, 끼적거리다/**끄적거리다**, 바동바동/**바둥바둥**, 두루뭉술하다/**두리뭉실하다**, 맨송맨송/**맨숭맨숭, 맹숭맹숭**, 새치름하다/**새초롬하다**, 아옹다옹/**아웅다웅**, 야멸치다/**야멸차다**, 오순도순/**오손도손**, 찌뿌듯하다/**찌뿌둥하다**, 치근거리다/**추근거리다.**
자음 또는 모음의 차이로 인한 어감 및 뜻 차이 존재.	

◎ 두 가지 표기를 모두 표준어로 인정한 것(3개)

현재 표준어	태견	품세	자장면
추가된 표준어	**택견**	**품새**	**짜장면**

86

참고자료 2　2014년도 추가 표준어

◎ 현재 표준어와 같은 뜻을 가진 표준어로 인정한 것(5개)

현재 표준어	구안괘사	굽실	눈두덩	삐치다	작장초
추가된 표준어	**구안와사**	**굽신***	**눈두덩이**	**삐지다**	**초장초**

* '굽신'이 표준어로 인정됨에 따라, '굽신거리다, 굽신대다, 굽신하다, 굽신굽신, 굽신굽신하다' 등도 표준어로 함께 인정됨.

◎ 현재 표준어와 뜻이나 어감이 차이가 나는 별도의 표준어로 인정한 것(8개)

현재 표준어	개개다	개개다: 성가시게 달라붙어 손해를 끼치다.
추가된 표준어	**개기다**	개기다: (속되게) 명령이나 지시를 따르지 않고 버티거나 반항하다.

현재 표준어	꾀다	꾀다: 그럴듯한 말이나 행동으로 남을 속이거나 부추겨서 자기 생각대로 끌다.
추가된 표준어	**꼬시다**	꼬시다: '꾀다'를 속되게 이르는 말.

현재 표준어	장난감	장난감: 아이들이 가지고 노는 여러 가지 물건.
추가된 표준어	**놀잇감**	놀잇감: 놀이 또는 아동 교육 현장 따위에서 활용되는 물건이나 재료.

현재 표준어	딴죽	딴죽: 이미 동의하거나 약속한 일에 대하여 딴전을 부림을 비유적으로 이르는 말.
추가된 표준어	**딴지**	딴지: ((주로 '걸다, 놓다'와 함께 쓰여)) 일이 순순히 진행되지 못하도록 훼방을 놓거나 어기대는 것.

현재 표준어	사그라지다	사그라지다: 삭아서 없어지다.
추가된 표준어	**사그라들다**	사그라들다: 삭아서 없어져 가다.

현재 표준어	섬뜩	섬뜩: 갑자기 소름이 끼치도록 무섭고 끔찍한 느낌이 드는 모양.
		섬찟: 갑자기 소름이 끼치도록 무시무시하고 끔찍한 느낌이 드는 모양.
추가된 표준어	**섬찟***	* '섬찟'이 표준어로 인정됨에 따라, '섬찟하다, 섬찟섬찟, 섬찟섬찟하다' 등도 표준어로 함께 인정됨.

현재 표준어	속병	속병: 「1」몸속의 병을 통틀어 이르는 말. 「2」'위장병01'을 일상적으로 이르는 말. 「3」화가 나거나 속이 상하여 생긴 마음의 심한 아픔.
추가된 표준어	**속앓이**	속앓이: 「1」속이 아픈 병. 또는 속에 병이 생겨 아파하는 일. 「2」겉으로 드러내지 못하고 속으로 걱정하거나 괴로워하는 일.

현재 표준어	허접스럽다	허접스럽다: 허름하고 잡스러운 느낌이 있다.
추가된 표준어	**허접하다**	허접하다: 허름하고 잡스럽다.

 기/출/문/제

※ <보기>는 「한글맞춤법」제30항 사이시옷 표기의 일부이다. ㉠, ㉡, ㉢에 들어갈 단어가 바르게 연결된 것은?

───── <보기> ─────

제30항 사이시옷은 다음과 같은 경우에 받치어 적는다.
  1. 순 우리말로 된 합성어로서 앞말이 모음으로 끝난 경우
    (1) 뒷말의 첫소리가 된소리로 나는 것
      고랫재   귓밥   ㉠
    (2) 뒷말의 첫소리 'ㄴ, ㅁ' 앞에서 'ㄴ' 소리가 덧나는 것
      뒷머리   아랫마을   ㉡
    (3) 뒷말의 첫소리 모음 앞에서 'ㄴㄴ' 소리가 덧나는 것
      도리깻열   뒷윷   ㉢

	㉠	㉡	㉢		㉠	㉡	㉢
①	못자리	멧나물	두렛일	②	쳇바퀴	잇몸	훗일
③	잇자국	뒷마루	나뭇잎	④	사잣밥	곗날	예삿일

※ 단어의 표기가 바르게 된 것끼리 묶은 것은?
  ① 오뚝이, 우뢰, 사글세, 곰곰이   ② 오랜만에, 웃어른, 삼가하다, 솔직히
  ③ 생각컨대, 육개장, 풍비박산, 끔찍이   ④ 구레나룻, 장맛비, 곱빼기, 아지랑이

참고자료 3   2015년도 추가 표준어

◎ 복수 표준어: 현재 표준어와 같은 뜻을 가진 표준어로 인정한 것(4개)

현재 표준어	마을	'이웃에 놀러 다니는 일'의 의미에 한하여 표준어로 인정함. '여러 집이 모여 사는 곳'의 의미로 쓰인 '마실'은 비표준어임.
추가된 표준어	**마실**	(예문) 나는 아들의 방문을 열고 이모네 **마실** 갔다 오마고 말했다.

현재 표준어	예쁘다	'이쁘장스럽다, 이쁘장스레, 이쁘장하다, 이쁘디이쁘다'도 표준어로 인정함.
추가된 표준어	**이쁘다**	(예문) 어이구, 내 새끼 **이쁘기도** 하지.

현재 표준어	차지다	사전에서 <'차지다'의 원말>로 풀이함.
추가된 표준어	**찰지다**	(예문) 화단의 **찰진** 흙에 하얀 꽃잎이 화사하게 떨어져 날리곤 했다.

현재 표준어	-고 싶다	사전에서 <'-고 싶다'가 줄어든 말>로 풀이함.
추가된 표준어	**-고프다**	(예문) 그 아이는 엄마가 **보고파** 앙앙 울었다.

◎ 별도 표준어: 현재 표준어와 뜻이 다른 표준어로 인정한 것(5개)

현재 표준어	가오리연	가오리연: 가오리 모양으로 만들어 꼬리를 길게 단 연. 띄우면 오르면서 머리가 아래위로 흔들린다. 꼬리연: 긴 꼬리를 단 연.
추가된 표준어	**꼬리연**	(예문) 행사가 끝날 때까지 하늘을 수놓았던 대형 **꼬리연도** 비상을 꿈꾸듯 끊임없이 창공을 향해 날아올랐다.

현재 표준어	의논(議論)	의논(議論): 어떤 일에 대하여 서로 의견을 주고 받음. 의론(議論): 어떤 사안에 대하여 각자의 의견을 제기함. 또는 그런 의견.
추가된 표준어	**의론**	(예문) 이러니저러니 **의론이** 분분하다.

현재 표준어	이키	이키: 당황하거나 놀랐을 때 내는 소리. '이끼'보다 거센 느낌을 준다. 이크: 당황하거나 놀랐을 때 내는 소리. '이키'보다 큰 느낌을 준다.
추가된 표준어	**이크**	(예문) **이크**, 이거 큰일 났구나 싶어 허겁지겁 뛰어갔다.

89

현재 표준어	잎사귀	잎사귀: 낱낱의 잎. 주로 넓적한 잎을 이른다.
추가된 표준어	**잎새**	잎새: 나무의 잎사귀. 주로 문학적 표현에 쓰인다.
		(예문) **잎새가** 몇 개 남지 않은 나무들이 창문 위로 뻗어올라 있었다.

현재 표준어	푸르다	푸르다: 맑은 가을 하늘이나 깊은 바다, 풀의 빛깔과 같이 밝고 선명하다.
추가된 표준어	**푸르르다**	푸르르다: '푸르다'를 강조할 때 이르는 말.
		(예문) 겨우내 찌푸리고 있던 잿빛 하늘이 **푸르르게** 맑아 오고 어디선지도 모르게 흙냄새가 뭉클하니 풍겨 오는 듯한 순간 벌써 봄이 온 것을 느낀다.

◎ 복수 표준형: 현재 표준적인 활용형과 용법이 같은 활용형으로 인정한 것(2개)

현재 표준형	추가 표준형	비고
마 마라	**말아** **말아라**	'말다'에 명령형어미 '-아', '-아라', '-아요' 등이 결합할 때는 어간 끝의 'ㄹ'이 탈락하기도 하고 탈락하지 않기도 함.
노라네 동그라네	**노랗네** **동그랗네**	ㅎ불규칙용언이 어미 '-네'와 결합할 때는 어간 끝의 'ㅎ'이 탈락하기도 하고 탈락하지 않기도 함. 모든 ㅎ불규칙용언의 활용형에 적용.

생/각/하/기

　국립국어원이 그제 표준국어대사전 정보 수정 내용을 밝혔는데 '너무'의 사용법도 추가했단다. '너무'라는 부사는 '과도하게 넘치고 지나친'이란 의미로, 영어로 하면 너무 많아서 하지 못했다(too much to do)처럼 부정적 의미일 때 쓰는 단어란다. 즉 '너무 싫다'거나 '너무 위험하다'처럼 쓰거나, 더 좋은 용례로는 '너무 괴로워서 밤잠을 이루지 못했다'는 식에 쓰는 것이다. 이제 국립국어원이 긍정문에도 사용하도록 허용했으니 평소 '너무너무 좋아요'라거나 '너무 반가워요', '너무 예뻐요'를 남발해 온 사람들로서는 다행이고 안도가 된다. 다만 올바른 국문법을 구현하지 못한 죄의식에 잠깐 시달리기는 했다. 엄격하게 문법을 구사해 온 사람들은 '멘붕'이라며 국립국어원이 언중의 막무가내식 언어 구사에 너무 야합했다는 비난도 했다.
　'원래 긍정문을 수식하는 부사는 무엇이었지?' 하고 생각해 봐도 기억이 나지 않고 그저 '너무'가 너무 많이 생각난다. 20년 된 출판사 편집자가 신속하게 알려 주길 긍정문에 잘 어울리는 부사는 '정말'과 '참으로', '진짜'와 같은 단어란다. '정말 좋다'거나 '진짜 좋다'라고 되뇌어 보니 그 어감이 정말 '너무' 좋다.

- 문소영, [길섶에서] '너무'라는 부사, 『서울신문』, 2015.06.23.

참고자료 4   2016년도 추가 표준어

◎ 추가 표준어(4항목)

현재 표준어	추가 표준어	뜻 차이
거방지다	걸판지다	**거방지다** [형용사] ① 몸집이 크다. ② 하는 짓이 점잖고 무게가 있다. ③ =걸판지다①. **걸판지다** [형용사] ① 매우 푸지다. ¶ 술상이 **걸판지다** / 마침 눈먼 돈이 생긴 것도 있으니 오늘 저녁은 내가 **걸판지게** 사지. ② 동작이나 모양이 크고 어수선하다. ¶ 싸움판은 자못 **걸판져서** 구경거리였다. / 소리판은 옛날이 **걸판지고** 소리할 맛이 났었지.
건울음	겉울음	**건울음** [명사] =강울음. **강울음** [명사] 눈물 없이 우는 울음, 또는 억지로 우는 울음. **겉울음** [명사] ① 드러내 놓고 우는 울음. ¶ 꼭꼭 참고만 있다 보면 간혹 속울음이 **겉울음으로** 터질 때가 있다. ② 마음에도 없이 겉으로만 우는 울음. ¶ 눈물도 안 나면서 슬픈 척 **겉울음** 울지 마.
까다롭다	까탈스럽다	**까다롭다** [형용사] ① 조건 따위가 복잡하거나 엄격하여 다루기에 순탄하지 않다. ② 성미나 취향 따위가 원만하지 않고 별스럽게 까탈이 많다. **까탈스럽다** [형용사] ① 조건, 규정 따위가 복잡하고 엄격하여 적응하거나 적용하기에 어려운 데가 있다. '가탈스럽다①'보다 센 느낌을 준다. ¶ **까탈스러운** 공정을 거치다 / 규정을 **까탈스럽게** 정하다 / 가스레인지에 길들여진 현대인들에게 지루하고 **까탈스러운** 숯 굽기 작업은 쓸데없는 시간 낭비로 비칠 수도 있겠다. ② 성미나 취향 따위가 원만하지 않고 별스러워 맞춰 주기에 어려운 데가 있다. '가탈스럽다②'보다 센 느낌을 준다. ¶ **까탈스러운** 입맛 / 성격이 **까탈스럽다** / 딸아이는 사 준 옷이 맘에 안 든다고 **까탈스럽게** 굴었다. ※ 같은 계열의 '가탈스럽다'도 표준어로 인정함.
실몽당이	실뭉치	**실몽당이** [명사] 실을 풀기 좋게 공 모양으로 감은 뭉치. **실뭉치** [명사] 실을 한데 뭉치거나 감은 덩이. ¶ 뒤엉킨 **실뭉치** / **실뭉치를** 풀다 / 그의 머릿속은 엉클어진 **실뭉치같이** 갈피를 못 잡고 있었다.

추가 표준형(2항목)

현재표준형	추가 표준형	비고
에는	**엘랑**	• 표준어 규정 제25항에서 '에는'의 비표준형으로 규정해 온 '엘랑'을 표준형으로 인정함. • '엘랑' 외에도 'ㄹ랑'에 조사 또는 어미가 결합한 '에설랑, 설랑, -고설랑, -어설랑, -질랑'도 표준형으로 인정함. • '엘랑, -고설랑' 등은 단순한 조사/어미 결합형이므로 사전 표제어로는 다루지 않음. (예문) 서울**엘랑** 가지를 마오. 　　　실**에설랑** 떠들지 마라. 　　　나를 앞에 앉혀놓**고설랑** 자기 아들 자랑만 하더라.
주책없다	**주책이다**	• 표준어 규정 제25항에 따라 '주책없다'의 비표준형으로 규정해 온 '주책이다'를 표준형으로 인정함. • '주책이다'는 '일정한 줏대가 없이 되는대로 하는 짓'을 뜻하는 '주책'에 서술격조사 '이다'가 붙은 말로 봄. • '주책이다'는 단순한 명사+조사 결합형이므로 사전 표제어로는 다루지 않음. (예문) 이제 와서 오래 전에 헤어진 그녀를 떠올리는 나 자신을 보며 '나도 참 **주책이군**' 하는 생각이 들었다.

- 네이버 지식백과

3 **표준 발음법**

> '능'(陵)은 임금이나 왕후의 무덤을 가리킨다. 현재 '태릉, 선릉, 공릉, 건원릉' 등의
> 조선 시대 왕릉(王陵)은 세계문화유산으로 보호 중이다.

1. 표준 발음의 중요성

'한글 맞춤법'의 '총칙' 제1항, '소리대로 적는다'와 '표준어 사정 원칙'의 제2장, '발음 변화에 따른 표준어 규정'은 '표준 발음'의 중요성을 대변하고 있다. 만약 지역이나 사회 계층 또는 각 개인의 발음 습관에 따른 차이를 표준화하지 않는다면 한글의 문자 체계를 확립할 수도 우리말을 어법에 맞게 표기할 수도 없을 것이다.

표준 발음은 표준어의 발음을 뜻하는 것으로, 동일 언어 공동체에서 널리 공통되는 발음이다. 예를 들어, '흙'을 [흘], '흙이'를 [흐기], [흑이]로 발음하는 것은 표준 발음이 아니다. 이의 표준 발음은 [흑]과 [흘기]이다.

'능'과 '릉'의 표준 발음은 각각 [능]과 [릉]이다. 그러나 쓰이는 환경에 따라 다양한 변이가 나타난다. 즉, '태릉, 동구릉'처럼 모음 받침 뒤에서는 [□□, □□□], '선릉, 헌인릉, 건원릉'처럼 'ㄴ' 받침 뒤에서는 [□□, □□□, □□□], '공릉'처럼 'ㅇ' 뒤에서는 [□□]으로 발음한다.

2. 제2장 자음과 모음

<table>
<tr><td colspan="2" align="center">- 메뉴판 -</td><td rowspan="4" align="center">?</td><td align="center"><알림></td></tr>
<tr><td>김치찌게</td><td>6,000원</td><td rowspan="3">1, 2학년 학생들은 내일
국기 계양대 앞으로
모일 것.</td></tr>
<tr><td>부대찌개</td><td>6,000원</td></tr>
<tr><td>된장찌개</td><td>6,000원</td></tr>
</table>

93

표준어의 모음 중, 많은 사람들이 단모음 'ㅐ'와 'ㅔ'를 헷갈려 한다. "내(네)가 먼저 노래 부르면"처럼 표기로는 금세 구별이 되지만 [내(네)가 먼저 노래 부르면-]처럼 말로 할 때는 구별이 쉽지 않다. 그러다 보니 '네'를 '니'('너'의 방언)로 발음해 구별하려는 경향이 있다.

최근에는 이들 모음이 들어간 단어나 이름을 구별하기 위해 동일한 모음이 포함된 단어를 활용해 설명하거나 되묻기도 한다. "제 이름은 김재(제)민으로, '재미'의 재('제주도'의 제)입니다." 또는 'ㅏㅣ냐, ㅓㅣ냐' 아니면 '안의 ㅐ냐 바깥 ㅔ냐'라고 확인을 하게 된다.

이중모음 'ㅖ'는 '예, 례'를 제외하고 [ㅔ]로도 발음할 수 있기에 표기에서 'ㅔ'와 자주 혼동된다. '삼계탕'은 [삼계탕/삼게탕]으로 발음된다. 그러나 원형인 '삼계탕'만 허용하고 '삼게탕'은 허용하지 않는다. 반면, '휴게실, 게시판, 게양대'과 '개장국, 육개장' 등의 원형은 이중모음 'ㅖ'와 전혀 관계없다.

예제1 ▌다음 중 'ㅐ'와 'ㅔ'의 쓰임이 바른 것을 찾아보자.

1. 요새 / 요세 와서 돌아가신 어머니가 자꾸 생각난다.
2. 그는 억울한 일을 당한 것처럼 입에 개거품 / 게거품을 뿜어냈다.

"의리"

[으리]?

"민주주의"

[민주주의]

'의리'와 [으리], '민주주의'와 [민주주의]에서 이중모음 '의'를 정확히 발음한 것일까?
이중모음 'ㅢ'와 관련한 발음 규칙은 다음과 같다.

❶ 자음을 첫소리로 가지는 음절의 'ㅢ'는 [   ]로 발음한다.

  • 정호승 시인의 시집 『나는 희망을 거절한다』
  • 띄어쓰기를 배운 만큼 각 문장의 단어는 반드시 띄어 써야 한다.
  • 의사(醫師)든 의사(義士)든 장단을 제외하고는 표준발음이 같다.

❷ 단어의 첫 음절 이외의 'ㅢ'는 [ㅢ]로 발음하되, [   ]로 발음함도 허용한다.

  • '유의'와 '주의'는 '사항'과 띄어 써야 한다.
  • 여러 사람이 모여 의논하는 일을 '협의'라 한다.
  • "민원인 전화 성의와 친절 다 하세요"…서울교육청 친절교육

❸ 조사 '의'는 [ㅢ]로 발음하되, [   ]로 발음함도 허용한다.

  • 우리의 소원은 통일
  • 그는 죽음의 문턱에서 살아남았다.
  • 내 몸값 올려주는 강의의 기술은 무엇일까?

예제2 ▌ 다음 '민주주의의 의의'의 표준 발음을 적어 보자.

3. 제4장 받침의 발음

'낫 - 낮 - 낯 - 낱' → [낟] / '빗 - 빚 - 빛' → [빋]

표준어의 자음(19개)이 음절말 위치에서 대표음인 '☐, ☐, ☐, ☐, ☐, ☐, ☐'의 7
개 자음만으로 실현되는 현상을 '중화'(中和: 서로 다른 요소가 특정한 조건에서 변별 기능을 잃고

구별되지 아니함)라 한다.

한편, 음절말 위치의 자음군(子音群: 서로 다른 자음 두 개가 연속)도 어말이나 자음으로 시작하는 조사 혹은 어미 앞에서 두 개의 자음 가운데 어느 한 가지만 실현된다. 이를 '자음군 단순화'라 한다.

❶ 겹받침 'ㄳ'은 [   ], 'ㄵ'은 [   ], 'ㄼ, ㄽ, ㄾ'은 [   ], 'ㅄ'은 [   ]으로 발음한다.

- '넋 놓고 바라보게 되는 미모'
- 여덟 살 소녀가 바라보는 세상은 참 밝다.
- 새해 들어 아파트값, 생필품값, 기름값, 우윳값 다 오르다.

❷ 겹받침 'ㄺ'은 [   ], 'ㄻ'은 [   ], 'ㄿ'은 [   ]으로 발음한다.

- 닭 잡아먹고 오리발 내 놓기
- 부엌에서 옥수수, 감자, 고구마를 삶다.
- 서당 개 삼년이면 풍월을 읊는다.

❸ 겹받침 'ㄶ'과 'ㅀ'은 후행 자음이 장애음일 때 [유기음화], 'ㅅ'이 올 때 [경음화], 'ㄴ'이 연결될 때 [ㅎ 탈락]한다.

않고[   ], 않소[   ], 않는[   ] / 앓고[   ], 앓소[   ], 앓는[   ]

예제3 ▎ 다음 'ㄺ'과 'ㄼ'의 발음을 비교해 보자.

- (물이) 맑다 : 맑고, 맑게
- 넓다 : 밟다, 넓-죽하다(적하다, 둥글다)

'비싼 값을 주고 산 옷이 밭 아래 길가에 떨어졌다.'의 밑줄 친 부분을 발음대로 적으면 [   ], [   ], [   ]가 된다.

받침의 자음이 모음으로 시작하는 형태소와 결합하는 경우, 모음의 성격에 따라 두 가지 발음으로 실현된다.

❶ 홑받침, 쌍받침이 모음으로 시작하는 형식 형태소(어미, 조사, 접미사)와 결합하는 경우, 제 음가대로 다음 음절의 첫소리로 옮겨 발음한다.

- 옷이 날개다.
- 쇠똥 밭에 굴러도 이승이 낫다.
- 졸업식에서 혼자 서성이는 제자에게 국밥 쏜 담임 선생님

❷ 겹받침이 모음으로 시작하는 형식 형태소(어미, 조사, 접미사)와 결합하는 경우, 뒤엣것만 다음 음절의 첫소리로 옮겨 발음한다('ㅅ'은 된소리 발음).

- 6월 6일 현충일 - 순국선열의 넋을 기립니다.
- 달걀이 병아리가 되고 병아리가 자라 닭이 된다.
- 남자는 그보다 젊어 보이는 여자와 함께 약속 장소에 나타났다.

❸ 받침 뒤에 모음 'ㅏ, ㅓ, ㅗ, ㅜ, ㅟ'들로 시작하는 실질 형태소가 결합하는 경우, 대표음으로 바꾸어서 뒤 음절 첫소리로 옮겨 발음한다.

- 맛있는 음식도 늘 먹으면 싫다.
- 조국의 독립을 위해 값있는 죽음을 맞이한 모자(母子)
- 병명은 상상암? "배우가 더 민망할 듯" "어이없어서 헛웃음만 나와"

예제4 ▌다음의 빈 칸에 올바른 발음을 적어 보자.

	'-이'	'-을'	'-에'
디귿			
지읒			
치읓			
키읔			
티읕			
피읖			
히읗			

- 한정식 전문점 <조은 집>의 바른 표기는 무엇일까?

4. 제5장 소리의 동화

국물이 국물이 끝내 줍니다.
□□ □□□
　　　　　□□
　　　　　□□□

　광고 문구의 '국물'은 서로 이웃하는 음운끼리 영향을 주고받고 있다. 어느 한쪽 또는 양쪽이 영향을 받아 비슷하거나 같은 소리로 바뀌는 현상을 '동화'(同化)라 하는데, '비음화'와 '유음화'가 대표적이다.

❶ 'ㄴ, ㅁ' 앞에서 받침 'ㄱ(ㄲ, ㅋ, ㄳ, ㄺ)'은 [　　], 'ㄷ(ㅅ, ㅆ, ㅈ, ㅊ, ㅌ, ㅎ)'은 [　　], 'ㅂ(ㅍ, ㄼ, ㄿ, ㅄ)'은 [　　]으로 발음한다.

  - 라면 <u>국물</u> 맛이 좋습니다.
  - 바른 자세에서 <u>옷맵시</u> 나온다.
  - <u>밥물</u>에 소금, 식용유 넣으면 윤기가 나는 밥이 된다.

❷ 받침 'ㅁ, ㅇ' 뒤에 연결되는 'ㄹ'은 [　　]으로 발음한다.
받침 'ㄱ, ㅂ' 뒤에 연결되는 'ㄹ'은 [　　]으로 발음한다.

  - <u>담력</u>이 있는 사람만이 이 일을 할 수 있다.
  - 2018년 평창 올림픽, <u>강릉</u> 선수촌 아파트 미리 보기
  - <u>행백리자반구십리</u>(行百里者半九十里)는 중국 시경(詩經)의 말이다.

❸ 'ㄴ'은 'ㄹ'의 앞이나 뒤에서 [　　]로 발음한다. 첫소리 'ㄴ'이 'ㅀ', 'ㄾ' 뒤에 연결되는 경우에도 이에 준한다.

  - 평창 올림픽서 '음식 <u>한류</u>' 전파…'K-Food Plaza' 개최
  - 5곳 은행 채용비리 수사 돌입…검찰 <u>칼날</u> 피할 수 있을까?
  - 당선되나 '<u>삶치는</u> 정치' 새해 점집 문턱 <u>닳는다</u>.

예제5 ▌다음의 빈 칸에 올바른 발음을 적어 보자.

- 주말 내내 <u>닭만</u> 먹었네요.   닭만: [   ] → [   ]
- <u>납량</u> 특집, 조상들은 어떻게 여름 났을까?   납량: [   ] → [   ]
- 아이스하키 단일팀 <u>상견례</u>, 오늘 훈련하다.   상견례:[   ]

그런데 [예제5]의 '상견례'의 표준발음은 [□□□]로, 비음화 환경에서도 [ㄹㄹ]이 아닌 [□□]으로 발음한다. '상견례'와 같이 'ㄴ'과 'ㄹ'이 결합하면서 [ㄹㄹ]로 발음하지 않는 예들을 더 찾아보자.

> 표준발음법 제20항 다만, 다음과 같은 단어들은 'ㄹ'을 [ㄴ]으로 발음한다.

동일한 환경임에도 불구하고 이러한 발음의 차이가 나타나는 이유는 무엇일까?

『국어 어문 규정집』(1988:252)에서는 "실제의 발음을 고려한 것이기에 [ㄴㄴ]으로 발음하는 단어와 [ㄹㄹ]로 발음하는 단어는 개별적으로 정하여 사전에 그 발음을 표시하여야 한다."고 설명하고 있다.

다만, 두 가지 발음으로 실현되는 단어들의 성격에는 다소 차이가 나타난다. 다음의 두 예를 비교해보자.

> 권력[궐력] : 공권력[공꿘녁]

'권력'은 비음화의 발음 규칙을 적용받고, '공권력'은 '상견례'와 같은 발음 규칙을 적용받는다. 이들은 한자어 '력'의 선행하는 형태소 '권'과 '공권'의 자립성에 차이가 나타난다. 즉 '권'은 홀로 서지 못하고 뒤의 형태소와 결합해야만 온전한 의미를 지니게 된다. 반면 '공권'은 그 자체로 독립적인 의미를 지닌 자립 형태소이다. [ㄹㄹ]로 발음하는 단어와 [ㄴㄴ]으로 발음하는 단어들 모두 이러한 성격을 지니고 있다.

5. 제6/7장 된소리되기/소리의 첨가

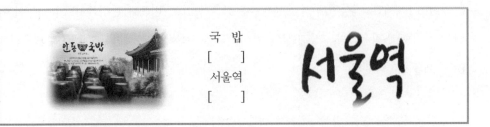

국밥
[   ]
서울역
[   ]

'국밥'은 선행 음절말 자음의 불파음화로 후행 장애음이 자동적으로 경음화되어 [국빱]으로 발음된다. 반면 '서울역'은 합성어 사이에서 'ㄴ' 첨가에 이은 동화의 음운 변동이 일어나게 된다.

❶ 받침 'ㄱ(ㄲ, ㅋ, ㄳ, ㄺ)', 'ㄷ(ㅅ, ㅆ, ㅈ, ㅊ, ㅌ, ㅎ)', 'ㅂ(ㅍ, ㄼ, ㄿ, ㅄ)' 뒤에 연결되는 'ㄱ, ㄷ, ㅂ, ㅅ, ㅈ'은 된소리로 발음한다.

- 닭장 안에 닭들이 잠을 자고 있다.
- '어깃장'은 '짐짓 어기대는 행동'을 나타내는 말이다. '어기대다'는 '순순히 따르지 아니하고 못마땅한 말이나 행동으로 뻗대다'로 풀이된다.
- 옆집 언니처럼 편안하게 다가온다.

❷ 합성어 및 파생어에서, 앞 단어나 접두사의 끝이 자음이고 뒤 단어나 접미사의 첫 음절이 '이, 야, 여, 요, 유'인 경우에는 'ㄴ' 소리를 첨가한다(이 규정은 일률적이지 않다).

- 마치 솜이불을 덮은 것처럼 따뜻하다.
- 김포공항·서울역 경찰특공대 배치…올림픽 테러 대비
- 목요일, 금요일에는 교내에서 물 절약 캠페인을 펼친다.

❸ 사이시옷이 붙은 단어의 발음에 대한 규정을 이해한다(표준발음법 제30항).

- 우리 강, 우리 냇가에 사는 생물
- 아랫니와 윗니가 맞물리지 않는 것이 부정교합이다.
- 나뭇가지에 남은 노란 나뭇잎이 바람에 바스락거린다.

예제6 ▌ 다음 밑줄 친 부분의 표준 발음에 대해 알아보자.

- 아나운서들은 '김밥'과 '효과'를 어떻게 발음하지?
- 서울역에서 출발해 대전역을 경유해 부산역에 도착하였다.
- 26주째 치솟는 기름값 … 1원에서 최대 10원까지 야금야금
- 최근 미국 등 글로벌 증시 하락과 금융시장 변동성 확대에 따른 …

참고자료 5 표준발음법 제30항 규정

제30항 사이시옷이 붙는 단어는 다음과 같이 발음한다.

❶ 'ㄱ, ㄷ, ㅂ, ㅅ, ㅈ'으로 시작하는 단어 앞에 사이시옷이 올 때에는 이들 자음만을 된
소리로 발음하는 것을 원칙으로 하되, 사이시옷을 [ㄷ]으로 발음하는 것도 허용한다.

샛길[새ː낄/샏ː낄]	콧등[코뜽/콛뜽]	깃발[기빨/긷빨]
햇살[해쌀/핻쌀]	뱃속[배쏙/밷쏙]	뱃전[배쩐/밷쩐]

❷ 사이시옷 뒤에 'ㄴ, ㅁ'이 결합되는 경우에는 [ㄴ]으로 발음한다.

콧날[콛날→콘날]   아랫니[아랟니→아랜니]   뱃머리[밷머리→밴머리]

❸ 사이시옷 뒤에 '이' 소리가 결합되는 경우에는 [ㄴㄴ]으로 발음한다.

베갯잇[베갣닏→베갠닏]   나뭇잎[나묻닙→나문닙]
도리깻열[도리깯녈→도리깬녈]   뒷윷[뒫ː뉻→뒨ː뉻]

읽기자료 5

'효과'를 [효꽈]로 발음해도 된다

- 배상복 기자, 중앙일보, 2017.12.26.

말할 때 누구보다 발음을 정확하게 해야 하는 직업이 아나운서다. 그러다 보니 아나운서는 사전에 나와 있는 표준발음을 한 치의 오차도 없이 발음하도록 훈련하고 방송에서도 그대로 구현한다. 문제는 일반인이 보편적으로 발음하는 것과 다른 표준발음을 사전에 맞추어 하다 보니 듣는 사람이 불편한 경우가 발생한다는 점이다.

바로 '효과'다. 일반인은 대체로 [효꽈]라고 말하지만 아나운서들은 예외 없이 [효과]로 발음한다. 특히 TV에서 예전에 유도 경기를 중계할 때 아나운서가 "우리 선수가 효과[효과]를 하나 얻었습니다"고 소리치는 경우가 있었다. 유독 아나운서만 [효과]라고 하니 듣는 사람이 여간 불편한 게 아니었다.

이처럼 그동안 효과[효과] 발음이 일반인의 언어생활과 동떨어진 것이어서 불만이 적지 않았다. 다행히 국립국어원은 최근 이 발음을 [효꽈]로도 할 수 있다고 표준발음을 변경했다. 그러니까 이제 억지로 [효과]로 발음하지 않아도 된다.

'관건'과 '교과'도 마찬가지다. 이 역시 사전에는 [관건]과 [교과]로 발음한다고 돼 있었기 때문에 억지로 이렇게 발음하는 것을 들을 때마다 거북함이 따랐다. 국립국어원은 '효과'와 함께 이들 단어의 발음도 된소리를 인정해 사전에 추가했다. 앞으로는 아나운서든 일반인이든 이들 단어를 편리한 대로 [효꽈], [관껀], [교꽈]로 읽어도 된다.

읽기자료 6

국립국어원 '온라인가나다'의 묻고 답하기

[질문] '김밥'의 표준 발음이 [김:밥], [김:빱] 중 어느 게 맞는 것인가요?

[답변] 안녕하십니까?

'김밥'의 표준 발음은 [김:밥], [김:빱]이 맞습니다. '김밥'은 실제로 [김:빱]으로 많이 발음하여서 그러한 실제 발음을 따라 2016년 10월에 [김:빱]도 표준 발음이 되었습니다.

마당 나오기

- 표준어는 교양 있는 사람들이 두루 쓰는 현대 서울말로 정한다.
- 표준 발음법은 교양 있는 사람들이 두루 쓰는 현대 서울말의 발음이다.
- 올바른 언어생활을 위해 표준어와 표준 발음법을 익히고 사전 찾기를 생활화하자.

---

1. 접두사 '햅', '햇', '해'의 쓰임에 대해 탐구해 보자.

콩, 쑥, 팥, 쌀, 밤, 곡식, 과일, 감자, 고구마 …

- '햅-'과 결합:
- '햇-'과 결합:
- '해-'와 결합:

---

2. 제26항의 복수 표준어 '-이에요/-이어요'의 쓰임에 대해 알아보자.

구성	-이에요: '이'( ) + 에요( )		
	-이어요: '이'( ) + 어요( )		
용례¹	명사	공책 +	-이에요 > 공책이에요 > 공책예요 (○ / ×)
			-이어요 > 공책이어요 > 공책여요 (○ / ×)
		의자 +	-이에요 > 의자이에요 > 의자예요 (○ / ×)
			-이어요 > 의자이어요 > 의자여요 (○ / ×)
용례²	어간	아니 +	-에요 > 아니에요 > 아녜요 (○ / ×)
			-어요 > 아니어요 > 아녀요 (○ / ×)

---

3. 다음 밑줄 친 단어의 발음에 유의하며 읽어 보자.

여기 있는 이 분은 김 <u>법학</u>박사이고, 저기 있는 저 분은 길 <u>법학</u>박사이다.

외래어, 로마자 표기

마당 열기

　　1940년 조선어학회는 최초의 『외래어 표기법 통일안』을 펴낸다. 그러나 '통일안'의 총칙 조항은 1933년 조선어학회의 『한글 마춤법 통일안』의 제6장과 대동소이하다. 따라서 외래어 표기의 기본 원칙은 이미 1933년에 이루어졌다 할 것이다. 그 후, 『들온말 적는 법』(1948)과 『외래어 표기법안』(1979) 그리고 『외래어 표기법 개정안』(학술원, 1983)으로 이어졌다.

『한글 마춤법 통일안』의 제6장

"새 문자나 부호를 쓰지 아니하며, 표음주의를 취한다."

『외래어 표기법 통일안』의 총칙

1. 외래어를 한글로 표기함에는 원어의 철자나 어법적 형태의 어떠함을 묻지 아니하고, 모두 표음주의로 하되, 현재 사용하는 한글의 자모와 자형만으로써 적는다.
2. 표음은 원어의 발음을 정확히 표시한 만국음성기호를 표준으로 하여 아래의 대조표에 의하여 적음을 원칙으로 한다.

　　현행 『외래어 표기법』은 1986년 아시안 게임 및 1988년 올림픽 개최를 앞두고 외래어 표기법을 정비해야 한다는 필요성에 의해 1986년 제정, 공표되었다.

　　국어의 로마자 표기법의 역사는 서양과 접촉이 빈번하게 된 19세기 무렵부터이다. (1)외국 선교사들이 자신들의 필요에 따른 표기법을 고안, (2)일제 치하의 일본 및 국내 학자들이 개인적으로 표기법을 고안, (3)해방 후, 정부에서 공식적인 표기법을 제정, 공포하였다(정희원, 1997:28). 이후, 『한글을 로오마자로 적는 법』(1948)과 『로마자 표기법』(1959)의 개정을 거치고 다시 표의주의 방식(轉字法)을 채택한 『국어의 로마자 표기법』(1984)에서 표음주의 방식(轉寫法)의 『국어의 로마자 표기법』(2000)으로 개정되었다.

● 한 줄 생각: _____

마당 들어가기

1 '외래어' 및 '로마자 표기법'의 개요

『외래어 표기법』은 외래어를 우리 글로 적는 규정이다. 외래어는 본래 외국에서 온 말이지만 '버스, 바나나, 인터넷, 라디오'와 같이 이미 국어의 일부가 된 말이다('쏘리, 땡 큐, 굿모닝' 등은 외국어이다).

『로마자 표기법』은 우리말의 인명이나 지명 등의 고유 명사를 로마자로 적는 규정이 다. 즉 국어의 발음을 세계적으로 통용되는 로마자로 바꾸어 우리나라를 찾는 외국인들 이 우리말을 쉽게 읽도록 하기 위함이다(도로 교통 표지판 및 지하철 노선표가 있다).

첫째, 『외래어 표기법』과 『로마자 표기법』의 체제는 다음과 같다.

『외래어 표기법』		『로마자 표기법』	
제1장	표기의 기본 원칙	제1장	표기의 기본 원칙
제2장	표기 일람표	제2장	표기 일람
제3장	표기 세칙 제1절 영어 / 제2절 독일어 / 제3절 프랑스어 / 제4절 에스파냐어 / 제5절 이탈리아어 / 제6절 일본어 / 제7절 중국어 / 제8절 폴란드어 / 제9절 체코어 / 제10절 세르보크로아트어 / 제11절 루마니아어 / 제12절 헝가리어 / 제13절 스웨덴어 / 제14절 노르웨이어 / 제15절 덴마크어 / 제16절 말레이인도네시아어 / 제17절 타이어 / 제18절 베트남어 / 제19절 포르투갈어 / 제20절 네덜란드어 / 제21절 러시아어	제3장	표기상의 유의점
제4장	인명, 지명 표기의 원칙 제1절 표기 원칙 / 제2절 동양의 인명,		부칙 표기 사례

107

『외래어 표기법』	『로마자 표기법』
지명 표기 / 제3절 바다, 섬, 산, 강 등의 표기 세칙	

둘째, 『외래어 표기법』의 기본 원칙과 표기 일람표는 다음과 같다.

제1항   외래어는 국어의 현용 24 자모만으로 적는다.

제2항   외래어의 1 음운은 원칙적으로 1 기호로 적는다.

제3항   받침에는 'ㄱ, ㄴ, ㄹ, ㅁ, ㅂ, ㅅ, ㅇ'만을 쓴다.

제4항   파열음 표기에는 된소리를 쓰지 않는 것을 원칙으로 한다.

제5항   이미 굳어진 외래어는 관용을 존중하되, 그 범위와 용례는 따로 정한다.

<외래어 표기법 기본 원칙>

자음			반모음		모음	
국제 음성기호	한글		국제 음성기호	한글	국제 음성기호	한글
	모음 앞	자음 앞 어말				
p	ㅍ	ㅂ, 프	j	이*	i	이
b	ㅂ	브	ɥ	위	y	위
t	ㅌ	ㅅ, 트	w	오, 우*	e	에
d	ㄷ	드			ø	외
k	ㅋ	ㄱ, 크			ɛ	에
g	ㄱ	그			ɛ̃	앵
f	ㅍ	프			œ	외
v	ㅂ	브			œ̃	욍
θ	ㅅ	스			æ	애
ð	ㄷ	드			a	아
s	ㅅ	스			ɑ	아
z	ㅈ	즈			ã	앙
ʃ	시	슈, 시			ʌ	어
ʒ	ㅈ	지			ɔ	오
ts	ㅊ	츠			ɔ̃	옹

자음			반모음		모음	
국제 음성기호	한글		국제 음성기호	한글	국제 음성기호	한글
	모음 앞	자음 앞 어말				
dz	ㅈ	즈			o	오
ʧ	ㅊ	치			u	우
ʤ	ㅈ	지			ə**	어
m	ㅁ	ㅁ			ɚ	어
n	ㄴ	ㄴ				
ɲ	니*	뉴				
ŋ	ㅇ	ㅇ				
l	ㄹ, ㄹㄹ	ㄹ				
r	ㄹ	르				
h	ㅎ	흐				
ç	ㅎ	히				
x	ㅎ	흐				

<외래어 표기법: 국제 음성 기호와 한글 대조표>

셋째, 『로마자 표기법』의 기본 원칙과 표기 일람표는 다음과 같다.

<로마자 표기법 기본 원칙>

모음				자음			
한글	영문	한글	영문	한글	영문	한글	영문
ㅏ	a	ㅕ	yeo	ㄱ	g, k	ㅌ	t
ㅓ	eo	ㅛ	yo	ㄴ	n	ㅍ	p
ㅗ	o	ㅠ	yu	ㄷ	d, t	ㅎ	h
ㅜ	u	ㅐ	yae	ㄹ	r, l	ㄲ	kk
ㅡ	eu	ㅖ	ye	ㅁ	m	ㄸ	tt
ㅣ	i	ㅘ	wa	ㅂ	b, p	ㅃ	pp
ㅐ	ae	ㅙ	wae	ㅅ	s	ㅆ	ss

모음				자음			
한글	영문	한글	영문	한글	영문	한글	영문
ㅔ	e	ㅝ	wo	ㅇ	ng	ㅉ	jj
ㅚ	oe	ㅞ	we	ㅈ	j		
ㅟ	wi	ㅢ	ui	ㅊ	ch		
ㅑ	ya			ㅋ	k		

<로마자 표기법: 모음과 자음의 표기 일람표>

2 외래어 표기법의 실제

> 우아하지만 큐티한 느낌의 러블리 패션 코디 바람을 일으키고 있는 '흑기사의 신ㅇㅇ 패션 코디'에 관심이 집중된다.

1. 제1장 기본 원칙의 적용

우리는 일상생활에서 지나친 외래어의 사용을 지양하고, 우리말로 대체하거나 순화하기 어려운 경우라면 외래어의 표기법에 따라 정확하게 쓰도록 해야 한다.

❶ 외래어는 국어의 표기에서 현재 사용하고 있는 24자모만을 사용한다.

❷ 외래어의 받침에는 'ㄱ, ㄴ, ㄹ, ㅁ, ㅂ, ☐, ㅇ'만을 쓴다.
  - 1층에는 편의점, 커피숍, 마트, 2층에는 레스토랑이 있다.
  - 기업형 슈퍼마켓/켙은 한 달에 2번 의무적으로 휴업해야 한다.
  - 가정용 랲에 폴리에스틸렌(PE) 소재를 사용한 '크린랲'이 출시됐다.

❸ 유성 파열음(b, d, g)은 평음(ㅂ, ㄷ, ㄱ)으로, 무성 파열음(p, t, k)은 격음(ㅍ, ㅌ, ㅋ)으로 적는다(곧 파열음 표기에는 된소리를 쓰지 않는다).

- 서울-대전 고속 뻐스 시승기
- 하남시 배알미동과 남양주시 조안면 능내리를 잇는 댐은 팔당땜이다.
- 돈까스의 순화어는 '돼지고기 너비 튀김', '돼지고기 너비 튀김 밥', '돼지고기 튀김'이다.

예제1 ▌다음 외래어 중 틀린 곳을 찾아 바르게 고쳐 보자.

- 프랑스 파리에 '빠리바게트'가 있나요?
- ○주시, 아트밸리 아뜰리에 작가들 야외조각전 열어
- 강남 삼성동의 코엑스 인근에는 영화관, 까페 등 다양한 데이트 코스가 한 곳에 모여 있다.

2. 제2장 국제 음성 기호의 적용

　일반적으로 외래어는 국제 음성 기호와 한글 대조표에 따라 표기하도록 하되, 중국어와 같이 국제 음성 기호를 쓰지 않거나 에스파냐어, 이탈리아어, 일본어와 같이 철자가 곧 음성 기호의 역할을 하는 언어는 별도의 한글 대조표를 만들어서 그에 따라 표기하도록 하였다(국어 어문 규정집, 1988:368-369).

　『외래어 표기법』의 '국제 음성 기호와 한글 대조표'(108-109쪽 참조)는 몇몇 언어를 제외하고 외래어를 한글로 표기하는 데 아주 중요한 기준이다. 따라서 이를 잘 활용하여 외래어의 표기에 오류가 없도록 해야 한다.

❶ 국제 음성 기호 'f'는 'ㅍ'(모음 앞)과 '프'(자음 앞 또는 어말)에 대응한다.

- cooking foil[fɔɪl]의 앞, 뒷면 중 어느 쪽을 이용해야 하나?
- 호텔 front[frʌnt] desk에서 직원의 도움을 받아 체크인했다.
- 자연의 한계를 도전하는 익스트림 스포츠 대회, fighting[fáitiŋ]

❷ 국제 음성 기호 'i'는 '이'에 대응한다.

- 휴게소에서 sausage[sɔ:sɪdʒ]를 먹는다.
- 친구에게 축하 문자 message[mesɪdʒ]를 보내다.
- 숙박 여행의 묘미는 역시 숯불 barbecue[bɑ:bɪkju:]이다.

❸ 국제 음성 기호 'æ'는 '애'에 대응한다.

- 미세먼지 대응 manual[mænjuəl]로 시민 건강 챙긴다.
- 멜라니아 여사는 항공 jacket[dʒækɪt], 검은색 바지를 착용했다.
- 랜드로버 레인지로버 3.0 SC HSE dynamic[daɪnæmɪk] 시승기

예제2 ▌ 다음 발음 기호에 주의하여 한글로 정확히 표기해 보자.

- 후라이팬[fráipæn]에 후라이드[fráid] 치킨 데워 먹기
- 언제 어디서나 '프린트 뚝딱', 대학생 타켓[tɑ:rgɪt] 마케팅 강화!
- '한 끼 줍쇼'에서 홍○영, 최강 한파 속에서도 '사랑의 밧데리[bætəri]' 열창했다.

---

3. 제3장 영어의 표기

『외래어 표기법』의 제3장은 제2장의 표기 일람표만으로 표기하기 어려운 개별 언어

의 특수성을 반영한 표기 세칙이다. 21개 개별 언어의 세칙 중, 우리가 가장 많이 접하는 영어의 표기 세칙을 중심으로 알아보고자 한다.

❶ 짧은 모음 다음의 어말 무성 파열음([p], [t], [k])은 받침으로 적는다.

- 전력 수요는 최대 수요와 평균 수요 간 gap[gæp] 발생한다.
- robot[roubət] 일자리 뺏는다? 비숙련직에는 치명타가 된다.
- 가천대학교 중앙도서관에서 book[buk] 콘서트를 개최한다.

❷ 짧은 모음이 아닌 모음 뒤의 어말과 자음 앞의 [p], [t], [k]는 '으'를 붙여 적는다.

- 54회 한국보도사진전 개막 tape[teip] 커팅
- 대부분의 동물에게서 볼 수 있는 안식처를 nest[nest]라 한다.
- 홀몸 어르신 생일 cake[keik] 전달 효사랑 실천

❸ 어말과 모든 자음 앞의 유성 파열음([b], [d], [g])은 '으'를 붙여 적는다.

- 지난 주말 회식으로 lobster[lɔbstə] 먹고 왔다.
- 미국 캘리포니아주 남서부 애너하임에 있는 disneyland[lænd]
- 그는 술에 취해 zigzag[zigzæg]로 걸었다.

예제3 ▌다음 발음 기호에 주의하여 한글로 정확히 표기해 보자.

- 그녀는 flute[fluːt] 연주자이다.
- 아침에 빵과 soup[suːp]를 먹고 출근했다.
- 머리를 짧게 cut[kʌt]해 주세요. 그 cut[kʌt]을 영화에서 살리기로 했대.

영어의 마찰음과 파찰음의 표기법을 이해해야 위 표기의 오류를 찾을 수 있다.

❶ 어말 또는 자음 앞의 [s], [z], [f], [v], [θ], [ð]는 '으'를 붙여 적는다.
어말 또는 자음 앞의 [ʒ]는 '지'로 적고, 모음 앞의 [ʒ]는 'ㅈ'으로 적는다.

- mask [mɑːsk]: 마스크 / jazz [dʒæz]: 재즈 / graph [græf]: 그래프
- olive [ɔliv]: 올리브 / thrill [θril]: 스릴 / bathe [beið]: 베이드
- mirage [mirɑːʒ]: 미라지 / vision [viʒən]: 비전

❷ 어말의 [ʃ]는 '시'로 적고, 자음 앞의 [ʃ]는 '슈'로, 모음 앞의 [ʃ]는 뒤따르는 모음에 따라 '샤', '섀', '셔', '셰', '쇼', '슈', '시'로 적는다.

- flash [flæʃ]: 플래시 / shrub [ʃrʌb]: 슈러브
- shark [ʃɑːk]: 샤크 / shank [ʃæŋk]: 섕크 / fashion [fæʃən]: 패션
  sheriff [ʃerif]: 셰리프 / shopping [ʃɔpiŋ]: 쇼핑 / shoe [ʃuː]: 슈
  shim[ʃim] 심

❸ 어말 또는 자음 앞의 [ts], [dz]는 '츠', '즈'로 적고, [tʃ], [dʒ]는 '치', '지'로 적는다. 모음 앞의 [tʃ], [dʒ]는 'ㅊ', 'ㅈ'으로 적는다.

- Keats [kiːts]: 키츠 / odds [ɔdz]: 오즈
- switch [switʃ]: 스위치 / bridge [bridʒ]: 브리지
- chart [tʃɑːt]: 차트 / virgin [vəːdʒin]: 버진 / juice [dʒuːs]: 주스

예제4 ▮ 다음 발음 기호에 주의하여 한글로 정확히 표기해 보자.

- grandeur[grænd3ə(r)]를 타고 여행을 간다.
- 바쁜 schedule[skedʒuːl]로 모임에 참석할 수 없었다.
- 오늘 오전에는 공원에 있는 bench[bentʃ]에 앉아 있었다.

영어의 유음 [l]과 장모음 및 중모음에 대한 표기법에 따라 '하이라이트'[haɪlaɪt]는 바른 표기이다. 그러나 '윈도우'는 '윈도'[wɪndoʊ]로 표기해야 한다.

❶ 어중의 [l]이 모음 앞에 오거나, 모음이 따르지 않는 비음([m], [n]) 앞에 올 때에는 'ㄹㄹ'로 적는다(다만, 비음([m], [n]) 뒤의 [l]은 모음 앞에 오더라도 'ㄹ'로 적는다).

- slide [slaid]: 슬라이드 / film [film]: 필름
- Hamlet [hæmlit]: 햄릿 / Henley [henli]: 헨리

❷ 장모음의 장음은 따로 표기하지 않는다.

- team [tiːm]: 팀 / route [ruːt]: 루트

❸ 중모음([ai], [au], [ei], [ɔi])은 각 단모음의 음가를 살려서 적는다(단, [oʊ]는 '오'로, [auə]는 '아워'로 적는다).

- time [taim]: 타임 / house [haus]: 하우스 / skate [skeit]: 스케이트 / oil [ɔil]: 오일
- boat[bout] 보트 tower[tauə] 타워

예제5 ▌다음 발음 기호에 주의하여 한글로 정확히 표기해 보자.

- ○승엽 선수는 홈에 sliding[sláidiŋ]으로 들어갔다.
- 의사소통센터의 글쓰기/말하기 clinic[klɪnɪk]을 받았다.
- 은행, 증권, 보험 따위의 금융 관련 회사나 점포들을 한데 모아 놓은 곳을 금융 plaza[plɑːzə]라 한다.

4. 제4장 인명, 지명 표기

상해 / 상하이

『외래어 표기법』에서 외국의 인명과 지명은 그 언어 고유의 발음을 반영하여 적도록 하였다. 다만 중국과 일본의 인명, 지명 표기에 다소 차이가 있는 가운데, 한국 한자음으로 읽는 관용이 있는 것은 이를 허용하기로 하였다.

『외래어 표기법』은 '바다, 섬, 강, 산' 등의 표기 세칙을 다루고 있다. 이 가운데 띄어쓰기와 관련한 규정의 변화가 일어났다. 다음을 비교해 보자.

'해', '섬', '강', '산' 등이 외래어에 붙을 때에는 띄어 쓰고, 우리말에 붙을 때에는 붙여 쓴다. '카리브 해', '발리 섬' / '북해', '목요섬'

↑
2017년 6월 1일 기준
↓

외래어 표기법의 띄어쓰기 규정이 변경돼 외국 지명인 '에베레스트 산', '나일 강', '발트 해'의 표기가 '에베레스트산', '나일강', '발트해'로 바뀌었다.

2일 국립국어원에 따르면 문화체육관광부가 지난 3월 고시한 외래어 표기법 일부 개정안에서 "해, 섬, 강, 산 등이 외래어에 붙을 때는 띄어 쓰고, 우리말에 붙을 때는 붙여 쓴다"는 조항이 삭제됐다.

이에 따라 해(海), 섬, 강(江), 산(山), 산맥 등에는 고유명사에 한해 앞에 어떤 말이 오든 붙여 써야 한다.

이번 조치는 '지중해'나 '흑해'는 붙여 쓰고 '아라비아 해', '카리브 해'는 띄어 써야 하는 혼란을 해소하기 위해 마련됐다.

외래어 표기법에서 이처럼 띄어쓰기가 변경된 말은 가(街), 강(江), 고원(高原), 곶(串), 관(關), 궁(宮), 만(灣), 반도(半島), 부(府), 사(寺), 산(山), 산맥(山脈), 섬, 성(城), 성(省), 어(語), 왕(王), 요(窯), 인(人), 족(族), 주(州), 주(洲), 평야(平野), 해(海), 현(縣), 호(湖) 등 26개다.

국립국어원, '외래어 표기법 일부 개정에 따른 띄어쓰기 변경 내용 안내', 2017.5.29.

3 로마자 표기법의 실제

Wangsipri 〈 상왕십리 ②**왕십리** 한양대 〉 Wangsimni

1. 로마자 표기의 기본 원칙

'왕십리'의 로마자 표기는 국어의 표기를 기준으로 하는 방법(Wangsipri)과 국어의 발음을 기준으로 하는 방법(Wangsimni)이 있을 수 있다(전자를 전자법(轉字法), 후자를 전사법(轉寫法)이라 한다).

❶ 국어의 로마자 표기는 국어의 표준 발음법에 따라 적는 것을 원칙으로 한다.

1984년의 로마자 표기는 로마자 이외의 반달표(ŏ, ŭ)와 어깻점(k', t', p', ch')과 같은 특수 문자 사용을 지향하면서 극심한 표기의 혼란을 겪었다. 이는 컴퓨터로 표현하기에도 쉽지 않아 폐기되었다.

❷ 로마자 이외의 부호는 되도록 사용하지 않는다.

❸ 1음운 1기호의 표기를 원칙으로 한다.

117

2. 제2장 표기 일람

Pusan?

Busan?

로마자 표기법의 기본 원칙 다음으로 한국어의 자모음과 로마자의 대응 체계를 익히는 것이 매우 중요하다.

❶ 'ㄱ, ㄷ, ㅂ'은 모음 앞에서는 'g, d, b'로, 자음이나 어말에서는 'k, t, p'로 적는다.
* 김치(   )   한밭(   )   부산(   )
* 옥천(   )   벚꽃(   )   호법(   )

❷ 'ㅋ, ㅌ, ㅍ, ㅊ'은 'k, t, p, ch'로 적고, 'ㄲ, ㄸ, ㅃ, ㅆ, ㅉ'은 'kk, tt, pp, ss, jj'로 적는다.
* 좋고(joko), 놓다(nota), 잡혀(japyeo), 낳지(nachi)
* 벚꽃(beotkkot), 호떡(hotteok), 쌍림면(Ssangrim-myeon)

❸ 'ㄹ'은 모음 앞에서 'r'로, 자음 앞이나 어말에서는 'l'로 적는다(단, 'ㄹㄹ'은 'll'로 적는다).
* 구리(Guri), 설악(Seorak) / 칠곡(Chilgok), 임실(Imsil)
* 울릉(Ulleung), 대관령(Daegwallyeong)

예제1 ▌ 다음 밑줄 친 한글을 로마자로 표기해 보자.

* 태권도, 언제부터 시킬까요?
* 서울과 제주를 오가는 국내 항공기
* 신라 경주의 고찰, 불국사 다녀 오다.

3. 제3장 표기상의 유의점

표준발음
BokJJeong?
Mukho?

Bokjeong 福井

묵호 ↔ 울릉도 ↔ 독도
MUKHO   WOLLEUNGDO   DOKDO

'복정'의 표준 발음은 [복쩡]이고, '묵호'는 [무코]이다. 로마자 표기법의 원칙에 따라 'Bokjjeong', 'Muko'로 표기해야 할 것 같지만 이들의 올바른 표기는 'Bokjeong'과 'Mukho'이다. 몇 가지 예외가 존재하기 때문이다.

❶ 로마자 표기법의 대원칙은 음운 변화가 일어난 표준 발음법에 따라 표기한다. 다만, 된소리되기는 표기에 반영하지 않는다.

- 압구정(Apgujeong), 낙동강(Nakdonggang), 팔당(Paldang)

❷ 거센소리로 나는 경우, 체언에서 'ㄱ, ㄷ, ㅂ' 뒤에 'ㅎ'이 따를 때에는 'ㅎ'을 밝혀 적는다.

- 묵호(Mukho), 집현전(Jiphyeonjeon)

❸ 학술 연구 논문 등 특수 분야에서 한글 복원을 전제로 표기할 경우에는 한글 표기를 대상으로 적는다.

- 짚(jip), 밖(bakk), 물엿(mul-yeos), 굳이(gud-i)

예제2 ▌ 다음 밑줄 친 한글을 로마자로 표기해 보자.

- <u>경복궁</u>과 <u>광화문</u> 인근에서 집회가 열리고 있다.
- 요즘 <u>낚시</u>를 소재로 한 예능 <u>프로그램</u>의 인기가 많다.
- 서울특별시 서대문구 현저동에 있는 돌문은 <u>독립문</u>이다.

119

4. 인명 및 행정 구역 단위 표기

		Bak	Jeong
Choe	Seon	Park	Jung
Choi	Sun	Pak	Joung
			Chung

자신의 성(姓)이 '최', '선', '박', '정'인 학생들의 여권에는 '성'이 어떻게 표기되어 있을까? 현행 로마자 표기법에 따르면 맨 앞의 표기가 바른 표기이다(다만, 인명, 회사명, 단체명 등은 그동안 써 온 표기를 쓸 수 있다).

❶ 성과 이름의 순서로 쓴다. 이름은 붙여 쓰되 음절 사이에 붙임표(-)를 허용한다.
- 김진호: Kim Jinho(원칙) / Kim Jin-ho(허용)

❷ 이름에서 일어나는 음운 변화는 표기에 반영하지 않는다.
- 한복남[한봉남]: Han Boknam(원칙) / Han Bok-nam(허용)

❸ '도, 시, 군, 구, 읍, 면, 리, 동'의 행정 구역 단위와 '가'는 각각 'do, si, gun, gu, eup, myeon, ri, dong, ga'로 적고, 그 앞에는 붙임표(-)를 넣는다. 붙임표(-) 앞뒤에서 일어나는 음운 변화는 표기에 반영하지 않는다.
- 오포리(Opo-ri)   종로 2가(Jongno 2(i)-ga)

예제3 ▌ 다음 로마자 표기법이 옳지 않은 것은?(2016. 9급 국어 문제)

① 춘천 - Chuncheon   ② 밀양 - Millyang
③ 청량리 - Cheongnyangni   ④ 예산 - Yesan

예제4 ▌ 가천대의 주소(경기도 성남시 수정구 성남대로 1342)를 영어로 옮겨 보자.

JUNG을 JEONG으로? 법원 "여권 영문이름 철자 쉽게 바꿔선 안 돼"

- 백민정, 중앙일보, 2015.11.03.

한 30대 남성이 여권의 영문성명을 바꾸려고 소송까지 냈지만 법원이 받아들이지 않았다.

여권의 영문이름이 한글 발음과 명백하게 불일치하는 경우가 아니라면 영문성명 변경을 폭넓게 허용해선 안 된다는 이유에서다.

오모(31)씨는 2000년 자신의 이름에서 '정'을 'JUNG'으로 표기해 여권을 발급받았다. 오씨는 지난해 여권 재발급 신청을 하면서 외교부에 'JUNG'을 'JEONG'으로 변경해달라고 했다. 외교부는 "여권의 영문성명이 한글성명의 발음과 명백하게 일치하지 않는 경우가 아니다"며 신청을 반려했다. 오씨는 중앙행정심판위원회에 이의를 제기했지만 기각되자 외교부 장관을 상대로 소송을 냈다.

오씨는 재판에서 "문화체육관광부 고시인 '국어의 로마자 표기법'에 따르면 'ㅓ'는 'eo'로 표기하도록 규정돼 있다"며 "JUNG으로 표기한 것은 한글 발음과 일치하지 않는 경우에 해당한다"고 주장했다. 또 "영문성명이 변경되지 않으면 해외에서 활동할 때마다 여권의 인물과 자신이 동일인임을 계속 입증해야 할 처지에 있다"고 했다.

하지만 서울행정법원 행정11부(부장 호제훈)는 3일 오씨의 청구를 기각했다. 재판부는 여권법 시행령의 영문성명 정정·변경 사유는 ▶영문성명이 한글 발음과 명백하게 일치하지 않는 경우 ▶국외에서 여권과 다른 영문성명을 취업, 유학 이유로 장기간 사용해 그 영문성명을 계속 사용하려고 하는 경우 ▶영문성명의 철자가 명백하게 부정적인 의미가 있는 경우 등이라고 제시했다. 이어 "우리나라 여권에 수록된 한글 이름 '정'은 JUNG, JEONG, JOUNG, CHUNG 등 다양하게 표기돼 있고, JUNG으로 표기된 비율이 약 62.22%에 이르는 반면 JEONG은 28.25%에 불과하다"며 "자음+U+자음 조합의 영단어에서 외국인들이 U를 'ㅓ'로 발음하는 경우가 많다"고 지적했다. 그러면서 "정을 JUNG으로 표기한다고 해서 한글 발음과 명백하게 일치하지 않는 경우에 해당한다고 볼 수 없다"며 "영문성명 변경을 폭넓게 허용하면 외국에서 출입국 심사 등에 어려움을 겪고 우리나라 여권의 신뢰도가 저하될 수 있다"고 말했다.

마당 나오기

◉ 『외래어 표기법』은 외래어를 우리 글로 적는 규정이며, 『로마자 표기법』은 우리말을 로마자로 적는 규정이다.

◉ 외래어의 받침 표기에 'ㅅ'을 쓰고, 원칙적으로 된소리 표기는 허용하지 않는다.

◉ 『로마자 표기법』은 된소리되기를 제외한 일반적 표준 발음법에 따라 적는다.

---

1. 외래어 '센타', '터미날', '로타리'의 표기에 대해 알아보자.

① 발음 확인 하기	• center[sentə]　terminal[tə:minəl]　rotary[routəri]
② 'ə'의 대응어 찾기	
③ 바른 표기 적기	• □□(center), □□□(terminal), □□□(rotary)

---

2. 아래 상표명의 표기에 대해 생각해보자.

트윅스 초크렛

• chocolate[tʃɔkəlit]

---

3. 띄어쓰기 유·무에 따른 로마자 표기의 차이에 대해 알아보자.

고유명사	고유명사+보통명사
한라산, 속리산: Hallasan, songnisan	남산 공원: Namsan park
제주도: Jeju-do / Jejudo	자갈치 시장: Jagalchi market
울릉도, 독도: Ulleungdo, Dokdo	가천대: Gachon Univ
한강, 금강: Hangang, Geumgang	한남 대교: Hannam bridge

http://news.sbs.co.kr/news/endPage.do?news_id=N1001334695&plink=OLDURL

언어 에세이(1)

마당 열기

서울의 한 카페. 오ㅇ경 아나운서가 이곳을 찾았는데요. 그리고 학생들도 심리학자도 연예인들도 자리를 함께합니다. 모두 한자리에 모이자 이들에게 영상 하나를 보여줬습니다. 그건 바로 우리 청소년들의 모습입니다.

*00중학교
쉬는 시간 교실 풍경을 관찰카메라에 담았습니다. "**까라 *발*아~**까라 *발*아~" 시끌 벅적한 교실에서 거친 욕설이 뚜렷하게 들립니다.
이번엔 학생들이 직접 촬영을 해봤습니다. 그런데 "뭘 봐, *발 *새끼야", "*까고 있네", "*발~ 저기서 왜 난리야", "왜 아침부터 *랄이야", "아, 뭔데 이거 *발~ 네가 뭔데 *새끼", "*발, 왜 맨날 이따위로", "꺼져라 *발"
욕설은 그저 친구를 부르는 호칭일 뿐 그러나 행여 언쟁이라도 벌어지면 "뭐라고 가라 고 뭐라고"

- 국립국어원, 'KBS 한글날 기획 청소년 욕 사용 실태 보고 고운 입 미운 말', 2011.11.10.

"일단 잘생기고 날씬해야지" / "여자는 살림이나 잘하면 됐지!" / "어느 대학 나왔는지 보면 딱 안다니까"

여러분도 느끼셨나요? 우리가 아무렇지 않게 웃고 지나치는 표현들, 당사자를 비하하고 차별하는 말입니다. 내 말 한 마디가 누군가에게는 큰 상처가 될 수도 있습니다. 상처가 되는 말보다 존중의 말을 전해보세요.
참된 배려와 존중은 비하와 차별 없는 말에서부터 시작됩니다.

- 국립국어원, '차별적 언어', YTN 라디오, 2015.10.31.

● 한 줄 생각: _____

마당 들어가기

1 혼란한 언어생활

다음의 <읽기 자료>는 초성, 은어, 비속어, 줄임말로 이루어진 급식체의 문제점을 지적하고 있다. 아래 기사를 읽고 바람직한 언어생활에 대해 한번 생각해 보자.

SK텔레콤, '급식체' 광고로 '시끌'···"내 폰은 노답클라스, 실화임?"

- 이경은, 투데이 신문, 2018.3.5.

최근 20대 직장인 A씨는 인터넷을 하다가 우연히 보게 된 광고에 적잖은 충격을 받았다. 나름 신조어를 잘 알고 있다고 자부했지만 화면 속 말장난 같은 '애바쌔바참치꽁치'를 외쳐대는 광고모델의 말이 해석 불가능했기 때문이다. 세대 간 격차를 실감하는 순간이었다.

급식체 난무하는 광고, 무슨 뜻?

최근 SK텔레콤이 선보인 급식체를 사용한 광고도 여러 반응을 낳고 있다. SK텔레콤은 지난 2월 22일 온라인과 일부 케이블 매체에 '어서와 새 학기엔 T월드'라는 제목의 광고를 게재했다. 이 광고에는 프로야구 선수 홍성흔 씨 딸인 홍화리 양이 등장해 급식체를 사용한다. 홍 양은 "애들은 다 떵작폰 쓰는데 내 폰은 노답클라스, 실화임?"이라며 광고를 시작한다. 그러면서 "고딩이 되면 애바쌔바참치꽁치 오지게 공부할 거니까 폰 바꿔주기로 한 약속 지키는 부분"이라며 "빼박캔트 반박불가"라고 말한다. 이어 "그리고 딴 애들은 다 T월드에서 폰 바꾸는 각, 그러니까 졸업 입학 축하는 T월드에서 받을게요"라며 광고가 마무리 된다.

이 같은 광고에 대한 반응은 엇갈렸다. "재밌다", "신선하다"라는 좋은 반응도 있는 반면 "듣기 거북하다", "언어파괴다", "무슨 말을 하는지 모르겠다"라는 반응도 많았다. 특히 급식체가 익숙한 10대를 제외한 해석에 어려움을 겪는 청년층, 중장년층의 반응은 더욱 부정적이었다. 이에 SK텔레콤은 광고를 현재 중단한 상태다.

'에바쎄바? 띵작?' 그들만의 언어

몇 년 사이에 급식을 먹는 10대들이 쓰는 언어를 뜻하는 일명 '급식체'가 유행처럼 번지면서 큰 인기를 끌고 있다. 예능프로그램에서도 '급식체 특강'을 하는 등 급식체의 파급력은 세대를 뛰어넘고 있다. 10대를 겨냥한 것으로 보이는 SK텔레콤의 해당 광고는 이같은 트렌드를 적극 반영한 것으로 볼 수 있다.

그러나 급식체 돌풍에 대한 곱지 않은 시선도 존재한다. 대부분 초성, 은어, 비속어 혹은 줄임말로 이루어진 급식체가 제대로 한글을 배워야하는 초·중·고등학생들이 사용하기에 부적절하다는 지적이다.

최근 들어 광고 속 표현의 폭이 넓어진 풍토다. 특히 지상파 방송용이 아닌 인터넷 바이럴 광고 영상에서는 톡톡 튀는 기발한 광고를 많이 볼 수 있다. 이 같은 광고로 확실히 기억에 남는 광고 효과를 누릴 수도 있지만 눈살을 찌푸리게 하는 성적인 부분을 소재로 한 아슬아슬한 수위의 자극적인 광고나 알아듣기 어려운 말장난과 같은 광고로 비판을 받기도 한다.

광고에 등장하는 급식체 단어를 몇 개 풀이해보자면 먼저 '띵작'은 '명작'을 뜻한다. 이는 '명'이라는 글자와 '띵'이라는 글자가 멀리서 보면 유사해 보인다는 것에서 비롯됐다. '노답클라스'는 '노(NO)+답'으로 즉, '답이 없다'라는 것을 뜻한다. '실화임?'은 '실제 있었던 이야기'라는 실화의 사전적 의미와 달리 어이없거나 믿기 어려운 상황을 두고 쓰이는데 유래에 대해선 해석이 분분하다. 게임중계방송 아프리카 tv BJ의 입버릇에서 유행하기 시작했다는 설과 팟캐스트 사용자들의 장난스런 대화법에서 비롯됐다는 설이 있다.

'고딩'은 '고등학생', '에바쎄바참치꽁치' 중 '에바'는 'over'의 변형으로 '그건 좀 아니다'라는 뜻의 '에바다'라는 말로 많이 쓰였다. 여기에 랩처럼 비슷한 단어로 말을 만들어 이어붙이다보니 외국의 통조림 브랜드인 '에바 참치'를 붙이고 거기에 별 의미는 없지만 '쎄바'라는 말을 보태고 그 뒤에 '-치'로 끝나는 말들을 붙여 '상황의 에바함'을 더욱 강조했다는 설이 유력하다. '에바쎄바참치꽁치', '에바쎄바참치꽁치김치넙치삼치시금치' 등으로 '내가 정말 에바한 기분을 느낀다'로 활용된다.

'빼박캔트'는 '빼도 박도 못한다'라는 말의 변형으로 '빼도 박도+캔트(can't)'를 붙인 말이라 설명할 수 있다. '반박불가'는 '이거레알 반박불가'라는 말에서 따온 것으로 추정되는데 '이건 진짜 반박할 수 없다'라는 뜻으로 반박하기 힘들 정도로 논리적인 주장을 지지할 때 사용된다. '각'은 '뭔가 이뤄낼 만한 판세 혹은 뭔가를 하기 적절하거나 뭔가가 벌어질 것 같은 상황'을 뜻하는 말로 '각을 내다, 각을 잡다, -할 각이다' 같은 식으로 쓴다.

SK텔레콤에 물어보니

어떤 의도로 이 같은 급식체를 사용한 광고를 한 것인지 SK텔레콤에 직접 물어봤다. SK텔레콤 관계자는 <투데이신문>과의 통화에서 "신학기를 맞아 학교로 돌아가는 학생들의 프로모션 내용을 담다 보니 어린 친구들이 쓰는 용어를 광고에 반영하고자 한 것"이라고 밝혔다.

이 관계자는 "광고에 자막이 나오는데 (해석에 어려움을 겪는 사람들도 있을 것 같아) 광고 모델이 어떤 말을 하고 있는 지에 대해 설명하고자 했다"라고 설명했다. 그러면서 "어린 친구들이 쓰는 언어를 광고에서 사용한 사례는 많았지만 완전히 급식체로만 말하는 주인공이 나오는 광고이다 보니 해석이 안 되는 부분이 있다는 지적이 있어 광고는 지난달 말쯤에 내려갔다"라고 덧붙였다.

그래서 바꿔봤다

이 관계자는 말을 토대로 해당 문구를 해석해보면 "애들은 다 좋은(명작) 폰 쓰는데 내 폰만 좋지 않은 거 사실인가요?", "고등학생이 되면 정말 열심히 공부할 거니까 폰 바꿔주기로 한 약속 꼭 지켜야 할 사실입니다", "그리고 딴 애들은 다 T월드에서 폰 바꿔준대요, 그러니까 졸업 입학 축하는 T월드에서 받을게요"라고 할 수 있겠다.

127

2 언어 에세이(1)

다음 KBS의 방송 "한글날 특집 쉿! 욕 없는 교실 만들기"(2012.12.9.)를 감상한 후 아래의 활동을 해보자.

① 동영상 감상
	https://www.youtube.com/watch?v=KVa3vJkFECc&feature=youtu.be

② 동영상 내용 조별 토론

마당 나오기

※ <동영상> 내용에 대한 조별 토론(128쪽)을 바탕으로 '청소년 언어생활의 문제점과 해결방안'에 대해 서술해 보자.

언어생활의 힘과 대화

언어의 힘(2)-언어와 사고의 힘-

마당 열기

21세기 최고의 부자 '빌 게이츠', 미국 최초의 근대 자본가 강철왕 '앤드류 카네기' 그리고 자동차의 아버지 '헨리 포드'

이들의 성공 비결은 무엇일까요? 이들의 성공에는 단 하나의 공통점이 있습니다. 바로 ○○의 힘입니다. 그러면 어떤 ○○을 해야 성공할 수 있을까요?

- 지식, 경험에서 사물의 인과관계를 파악하는 힘: □□□ □□
- 목표를 세우고 주어진 상황과 능력을 최적화하는 힘: □□□ □□
- 부정보다 긍정의 자세로 행동, 연습, 습관화하는 힘: □□□ □□

○○의 힘은 이미 당신 안에 있습니다.

- '○○의 시크릿' 중에서

생각은 곧 □이 되고
□은 행동이 되며
행동은 습관으로 굳어지고
습관은 성격이 되어
결국 □□이 된다.

- 찰스 리드(Charles Reade)

좋은 일을 생각하면 좋은 일이 생기고
나쁜 일을 생각하면 나쁜 일이 따른다.

- 조셉 머피(Joseph Murphy)

- 한 줄 생각: _____

마당 들어가기

1 언어와 사고

<마당 열기>에서 '생각'의 중요성을 깨달았다. 마음속의 생각이 한 사람의 운명이 된다는 '찰스 리드'의 명언에 놀라움을 금하지 않을 수 없다. 그리고 생각과 운명을 잇는 연결 고리의 연쇄 표현도 꽤나 인상적이다.

'생각'은 언어나 행동으로 구체화되지 않으면 파악하기가 쉽지 않다. 우리는 한자성어 '이심전심(以心傳心), 염화미소(拈華微笑), 불립문자(不立文字), 염화시중(拈花示衆)'으로 마음과 마음의 소통을 강조한다. 그러나 이는 일반적이지 않다.

'생각'은 어떻게 구체화되는가? 긍정 또는 부정의 생각이 더 강력한 힘을 발휘하기 위해서는 어떻게 해야 하는가? 생각은 말이든 글이든 언어로 표현해야 한다. 여기서 우리는 '언어'와 '사고'의 관계를 생각해 보자.

1. 언어가 인간의 사고를 지배한다.

- 무지개 색깔
  1. 과학적 관찰에 의한 현실의 무지개 색깔은 몇 가지일까?
  2. 한국인과 다른 나라 사람들은 무지개 색깔을 몇 가지로 인식할까?
  3. 질문 1, 2의 대답으로 알 수 있는 언어와 사고의 관계는 어떠한가?

- 언어의 '분절성'
  1. 언어의 '분절성'은 무엇인가?

2. 언어의 '분절성'은 우리의 사고에 어떠한 영향을 끼치는가?

● 한국어: 하늘(산)이 푸르다 → 영어: Sky(Mountain) is blue/green

2. 사고가 인간의 언어를 지배한다.

● 단어의 형성
 1. '이리저리, 여기저기, 국내외'라는 단어와 달리 '저리이리, 저기여기, 국외내'라는 단어는 존재하지 않는다. 그 이유는 무엇일까?
 2. 질문 1의 대답으로 알 수 있는 언어와 사고의 관계는 어떠한가?

● 어순의 차이
 1. 경기도 성남시 수정구 성남대로 1342
    1342 SeongnamDaero, Sujeong-Gu, Seongnam-Si, Gyeonggi-Do, Korea
 2. 1의 한국어와 영어 표현의 차이는 어디에 기인한다고 볼 수 있는가?

● 한국어: 더 마실래? → 영어: More tea?

3. 언어와 사고에 대한 여러 관점

"언어가 사고를 지배(결정)한다."는 [1]과 "사고가 언어를 지배(결정)한다."는 [2]의 사례와 주장 중 어느 것이 더 타당할까? 언어와 사고의 관계는 지금껏 많은 사람들이 관심을 가진 주제이다. 이 둘은 어느 한 쪽이 다른 한 쪽을 지배하는 관계로 설명할 수 없다. 서로 영향을 주고받는 □□□□의 관계이다.

① 동일설(同一說)

왓슨(J. B. Watson)과 같은 행동주의 심리학자들은 언어와 사고가 동일하다고 주장한다. '사고'를 마음속의 언어로 본다.

② 상이설(相異說)

언어와 사고는 다르다. 곧 상호 독립적인 것으로 취급한다.

②-1. 사고 우위설

피아제(J. Piajet), 스타인버그(D. D. Steinberg) 등은 사고가 언어에 선행한다고 주장한다. 언어 없이도 사고가 가능하다는 전통적 견해이다.

- 아동: 말을 배우기 전에도 사고를 할 수 있다.
- 동일 언어 사용자: 개념에 대한 다양한 사고방식이 존재한다.
- 다른 언어 사용자: 동일한 개념어에 대한 사고방식은 동일하다.

②-2. 언어 우위설

사피어·워프(Sapir·Whorf)는 언어가 사고에 선행한다고 주장한다. 언어가 우리의 행동과 사고방식을 결정, 주도한다는 '언어 상대성 이론'을 내세웠다.

- Sapir: "인간은 객관적인 세계에 살고 있는 것이 아니고, 언어를 매개로 살고 있다. 언어는 단순히 표현의 수단이 아니다. 실세계라고 하는 것은 언어 습관의 기초 위에 세워져 있다. 우리는 언어가 노출시키고 분절시켜 놓은 세계를 보고 듣고 경험하는 것이다."
- Whorf: "언어는 우리의 행동과 사고(思考)의 양식을 주조(鑄造)한다."

②-3. 상호 의존설

비고츠키(L. S. Vygotsky)는 언어와 사고가 상호 의존적이라고 주장한다. 언어와 사고 능력은 유아기에 평행적으로 발달하다가 점차 사고와 언어 능력이 합쳐져 사고는 언어로 표현되고 언어는 사고에 의해 논리적이 된다. 사고 없는 언어를 생각할 수 없고 언어 없는 사고는 불완전하다는 점에서 인간은 언어를 통해 사고를 확장하고 사고의 확장을 통해 언어의 세계를 확대 변화시키는 것으로 볼 수 있다.

2 언어와 사고의 실제 [https://www.youtube.com/watch?v=VHn4RTDa3rY]

언어와 사고는 상호작용 내지 상호의존적 관계에 있다. 참 매력적인 설명이다. 우리가 살펴볼 다음의 두 사례는 이 매력적인 설명을 뒷받침할 수 있는 강력한 근거 자료가 아닐까 한다.

1. 영화배우의 수상 소감

"감사합니다. 저한테도 이런 좋은 상이 오는군요. 매번 마음속으로 감사드리고 밖으로 표현 못 했는데 하느님께 제일 먼저 감사드립니다. 솔직히 저는 항상 사람들에게 그래요, 일개 배우 나부랭이라. 왜냐하면 60여 명의 정도 되는 스태프들과 배우들이 멋진 밥상을 차려놔요, 그러면 저는 그냥 맛있게 먹기만 하면 되는 거거든요. 그런데 스포트는 제가 항상 다 받아요. 그게 죄송해요. 스텝들과 감독님께 너무 감사드려요.

항상 제 옆에 있는 것만으로도 저를 설레게 하고, 현장에서 열심히 할 수 있게 해준, 전도연 씨에게 너무너무 감사드린다고. "도연아, 너랑 같이 연기하게 된 건, 나한테 정말 기적 같은 일이었어, 고마워!"

마지막으로 지금 지방에서 열심히 공연하고 있는 황정민의 운명인 집사람에게 이 상을 바치겠습니다. 열심히 하겠습니다."

2. 국립대 교수의 입시 면접

"몸이 좀 뚱뚱한 것 같은데 평상시에 많이 먹고 게을러서 그런가?" / "근육"
"내가 근육인지 비계인지 어떻게 아느냐?"

"미안한 얘기지만 범죄율이 가장 높은 남자아이들이 홀어머니 밑에서 자란 아들이야. 내 이야기가 아니라 통계가 얘기해줬어. 세상에 나와서 자기가 원하는 대로 안 되면 때려

부수고 찔러서 죽이고 이런 걸 제일 많이 하는 애가 ○○(면접 수험생)이 같은 가정 스타일에 있는 사람들이야"

"○○고를 다녀? ○○구에 있는 거? ○○동, ○○동 옛날에는 빈민촌이었는데 (내가) 너 같은 고등학생 때 ○○동, ○○동 완전히 똥냄새 난다고 해서 안 갔는데"

Q1. '생각이 말이 된다'는 찰스 리드의 명언과 '언어-사고'의 상호 의존설에 기초하여 '영화배우'와 '국립대 교수'의 언어를 비교·대조해 보자.

Q2. 두 사람의 표현에 대한 청자의 반응은 매우 대조적이다. 만약 여러분이 '스태프' (상대역 배우, 아내)와 '면접 학생'이었다면 어땠을지 생각해 보자.

Q3. Q1과 Q2의 답변으로 말(언어)의 긍정적 및 부정적 힘이 사고에 기인함을 알았다. 그렇다면 우리는 평상시 어떤 사고의 습관을 가져야 할까?

3 언어의 힘과 긍정적 사고

우리 속담에 '말이 씨가 된다.'는 말이 있다. 이 말은 일반적으로 '말조심!' 하라는 부정적 의미를 내포한다.

가정	(열애 관련 심경 표현) "얘랑 계속 갈지 안 갈지 몰라"

현실	한○○, 차○○과 끝내 결별

현재의 부정적인 생각(말)이 부정적 결과를 낳은 사례이다. 한편, 현재의 긍정적인 생각(말)이 긍정적 결과를 낳았을 때에도 이 속담은 유용하게 사용된다.

가정	(수험생에게) "내년 봄, ○○대학교 도서관을 이용할 거야"

현실	시험에 합격하여 ○○대학교 도서관에서 도서를 대여함

결국, 언어와 사고가 다가올 미래에 대한 예언인 것이다. 미래를 내다볼 수 있는 언어의 힘, 결코 가볍지 않다. 옛날 사람들의 언어 신성관(언령관)도 이러한 언어의 힘에 기인하고 있다.

언어 신성관과 덕담을 연결시켜 생각해 보자. 우리 선조들은 언어의 신통력을 믿어 소망을 빌면 이루어진다 생각하였다. 그 신통력이 다른 사람에게 향하게 하는 것이 바로 덕담이다. 상대가 잘 되기를 기원하거나 희망하는 것이 덕담이기 때문이다.

다음의 세 사례를 통해서 긍정적 사고의 중요성과 언어의 힘을 확인할 수 있다.

1. 일본 애니메이션

> 못 찾을 거야 - 이미 결과는 정해졌다. - 결국 찾지 못 함
>
> http://cafe.naver.com/taoismacademy/7617

2. 한국 문학과 가요

- 거북아 거북아 / 머리를 내 놓아라 / 만약 내 놓지 않으면 / 구워서 먹으리
- 선화공주님은 / 남 몰래 결혼해 두고 / 맛동 서방을 / 밤에 몰래 안고 가네

① 말하는 대로 될 수 있다곤 믿지 않았지 믿을 수 없었지 할 수 있단 건 거짓말 같았지 고개를 저었지

↓

② 그러던 어느 날 내 맘에 찾아온 작지만 놀라운 깨달음이 내일 뭘 할지 꿈꾸게 했지 말하는 대로 될 수 있단 걸 눈으로 본 순간 믿어 보기로 했지

↓

③ 말하는 대로 될 수 있다고 그대 믿는다면 맘먹은 대로 생각한 대로 도전은 무한히 인생은 영원히 말하는 대로

3. 박상영: 할 수 있다!

박상영 "할 수 있다" 되뇌며 기적의 대역전극 이끌어

- MBC 뉴스, 2016.08.10.

배ㅇ진 앵커는 박 선수의 경기 중계 보셨나요?

네, 극적인 역전극도 짜릿했지만, 마치 주문처럼 끊임없이 되뇌던 혼잣말이 인상적이었습니다.

그렇습니다. '할 수 있다 할 수 있다' 박 선수의 주문이 마치 마법처럼 통했습니다.

> 할 수 있다! 할 수 있다! 할 수 있다!

https://sports.news.naver.com/general/news/read.nhn?oid=214&aid=0000657813

⌐마당 나오기

● 언어는 우리의 사고와 아주 밀접한 관계를 갖는다.

● 우리의 사고는 나와 타인을 향한 또 다른 하나의 언어이다.

● 우리의 건강한 삶을 위한 희망과 긍정의 사고 및 언어생활이 절실하다.

> ※ 다음 EBS '언어발달의 수수께끼' 2부(45:16)를 보고 다음 활동을 해 보자.
> http://www.ebs.co.kr/tv/show;jsessionid=kbc6GagGawRr9YX3WE1qp1vHiCAJLY5UD024y
> 0VqlhORQSYZM1T4drdVrdEyvTVt.enswasp02_servlet_engine4?courseId=BP0PAPB00000
> 00005&stepId=01BP0PAPB0000000005&lectId=3090873

제목	
내용 요약	
감상	

대화의 본질

마당 열기

- **'대화'**(對話)의 사전적 풀이
  국어사전: <u>마주 대하여</u> 이야기를 <u>주고받음</u>. 또는 그 이야기.
  영어사전: talk (<u>about</u>), conversation (<u>about</u>/<u>with</u>), dialogue (<u>between</u>/<u>with</u>)

- '대화'의 사전적 풀이를 토대로 다음 질문에 답해 보자.
  - 대화에서 '마주 대하고, 주고받는' 관계에 있는 사람은 누구인가?
  - 'talk (<u>about</u>): (~ 에 대해) 이야기하다'의 대상은 무엇인가?

- 위 질문에 대한 답변을 통해 대화의 3대 요소를 알 수 있다.

- <나와 너>의 저자인 마틴 부버(Martin Buber)는 '만남'과 '관계'를 중시한다. 그는 인간관계를 '나-너'(I and You)와 '나-그것'(I and It)으로 유형화한다. 전자의 '나'는 '너'를 동등한 인격체, 상호적인 관계로 인식하는 반면 후자의 '나'는 '너'를 경험의 대상 내지 목적의 수단으로 인식한다.
- 우리는 가족, 사회, 국가의 한 구성원으로서 '나-너'(I and You)의 인간관계를 지향한다. 이는 쌍방향적인 성격을 지니는 것으로 대화를 통해 잘 드러난다.
- 여러분 모두 이 주장에 동의하는가? 만약 동의한다면 우리는 어떠한 자세로 대화에 임해야 할까? 화자와 청자 모두 '나-너'(I and You)의 관계 속에서 상대를 마주해야 할 것이다.

- 한 줄 생각: _____

마당 들어가기

1 대화의 이해

인간의 언어활동 중, 비중이 큰 순서를 따진다면 '듣기 > 말하기 > 읽기 > 쓰기'일 것이다. '대화'는 화자와 청자가 '말하기', '듣기'를 반복하며 메시지를 전달하고 이해하는 대표적인 언어활동이다.

1. 대화의 요소

'마당 열기'에서 대화의 3요소로, '화자'와 '청자' 그리고 '메시지'를 들었다. 여기에 한 가지를 더 추가한다면 '대화의 상황', 곧 '맥락'을 들 수 있다.

> 가: (비전타워 3층에서) 혹시, 의사소통센터가 어디에 있는지 아세요?
> 나: 네. 알아요.

화자인 '가'의 물음은 맥락에 따라 두 가지 기능을 한다. 청자인 '나'에게 '의사소통센터'의 위치를 아는지를 질문한 것이라면 '나'의 대답은 적절하다. 그러나 "위치를 알려 달라."는 맥락으로 해석하면 대답이 달라져야 한다.

> 가: (비전타워 3층에서) 혹시, 의사소통센터가 어디에 있는지 아세요?
> 나: _____

원활한 대화가 진행되기 위해서 화자는 자신의 발화 상황을 구체적으로 제시해야 하며, 청자 또한 화자의 맥락을 정확하게 파악하기 위해 주의를 기울여야 한다.

가: (비전타워 3층에서) _____?
나: 저쪽 투명 엘리베이터를 타고 지하 2층에 내리시면 바로 정면에 있어요.

한편, 대화에서는 상황 맥락뿐 아니라 사회·문화적 맥락도 중요한 영향을 끼친다.

❶ (식사 초대에서의 주인과 손님의 대화)

주인: 차린 게 너무 없어서 죄송합니다. 많이 드세요.
손님: 아녜요. 이런 진수성찬은 처음 보는데요. 잘 먹겠습니다.

❷ (오랜만에 만난 교수와 외국인 유학생의 대화)

교수: 오랜만이야. 요즘 잘 지내? 언제 시간 날 때 식사나 한번 하자고.
학생: 네. 그런데 언제 시간이 나세요?
교수: 응(?), 저, 그 ...

❶은 자신을 낮추는 주인의 겸손 표현에 손님의 칭찬 표현이 이어지는 사회·문화적 맥락을 잘 보여준다. 반면 ❷는 '시간 날 때 식사 한번 하자'는 사회·문화적 맥락을 파악하지 못한 결과를 보여준다.

2. 대화의 구조

언어 표현 활동이라는 점에서 '말하기'와 '쓰기'는 유사하다. '쓰기'가 '도입(서론)-전개(본론)-마무리(결론)'의 구조를 지니듯 '말하기'도 '시작(인사말, 호칭어)-전개(화제 펼침)-마무리(요약, 인사말)' 구조를 지닌다(토론, 토의 등의 공적인 대화는 정형화된 진행 구조를 따르게 된다).

한편 가족, 친구 등과의 사적인 대화는 상황의 유동성으로 정형성이 그리 높지 않다. 그러나 원활한 대화는 그렇지 않은 대화와 다른 점이 있다는 전제에서 대화의 기본 구조를 생각해 보기로 한다.

첫째, 원활한 대화에서 화자와 청자의 역할은 고정되어 있지 않다. 강연이나 발표와 달리 대화는 화자가 청자가 되기도 하고 청자가 화자가 되는 순환의 구조를 띤다. 이를 '순서 교대'라 한다.

❶
(조별 과제를 위해 모인 세 학생의 대화)

조원1: 이번 과제는 시간이 촉박하니까 파트를 나누는 게 어떨까?
조원2: 그럼 어…
조원1: 서론, 결론은 민수, 문제의 원인은 영희, 해결책은 나, 좋지?
조원3: 언…
조원1: 언제까지? 형식을 통일해야 하니까 모레까지 해서 만나자.

위 대화의 구조는 조원1 한 사람이 대화를 독점하고 있어 조원2와 조원3이 순서 교대에 어려움을 겪고 있다. 그러면 순서 교대를 따르는 대화는 어떤 모습일까? 아래의 빈칸에 그 대화의 내용을 구성해 보자.

❷
(조별 과제를 위해 모인 세 학생의 대화)

조원1: 이번 과제는 시간이 촉박하니까 우리 파트를 나누자.
조원2: _____
조원3: _____
조원1: _____
조원2: _____
조원3: _____

순서 교대를 따르지 않은 ❶보다 순서 교대를 따르는 ❷가 좋은 대화임은 당연하다. 따라서 '순서 교대'는 좋은 대화를 위한 중심적 구조이다.

147

'순서 교대'의 기본 원리는 모든 대화의 참여자가 수평적 상황에서 동등한 말할 기회를 갖는다는 것이다. 따라서 한 사람이 대화를 독차지한다든지 아무 말도 하지 않는다든지 해서는 안 되며, 모든 대화 참여자들은 적절한 시점을 택해 대화에 참여해야 한다.

그러면 대화의 순서 교대를 지배하는 규칙은 무엇일까? 삭스(Sacks), 쉐글로프 & 제퍼슨(Shegloff & Jefferson, 1974)에 따르면 두 가지 규칙이 있다.

규칙 1	어떤 순서의 교체 적정 지점에서 적용된다. ⓐ 만일 현재의 화자가 다음 화자를 선택하고 나면, 현재 화자는 말하기를 멈추어야 하며, 다음 화자가 말을 해야 한다. 순서가 바뀌는 것은 다음 화자를 선택한 다음 처음 나타나는 교체 적정 지점에서 일어난다. ⓑ 만일 현재 화자가 다음 화자를 선택하지 않으면, 대화 참여자 가운데 누구라도 다음 화자로 나설 수가 있다. 제일 먼저 나선 화자가 다음 순서에 대한 권리를 갖는다. ⓒ 만일 현재 화자가 다음 화자를 선택하지 않고, 또 다른 사람이 아무도 나서지 않으면, 현재 화자는 말을 계속 할 수 있다. 그러나 반드시 그래야만 하는 것은 아니다.
규칙 2	다음에 계속 이어지는 모든 교체 적정 지점에서 적용된다. 현재 화자에 의해 규칙 1ⓒ가 적용되면, 다음 교체 적정 지점에서 1ⓐ-ⓒ가 적용되고, 또 다음 교체 적정 지점에서 순환적으로 적용되는데, 이 순환은 화자가 바뀔 때까지 반복된다.

규칙 1ⓐ의 화자가 다음 화자를 선택하는 방식의 순서 교대는 자연스러운 대화를 이끌 수 있다.

❶ 호칭어를 사용하여 다음 화자를 선택할 수 있다.
  • 조원1: (영희야) 과제를 파트로 나누어 하는 거 어때 (영희야)?

❷ 올림의 억양과 의문형을 사용함으로써 다음 화자를 선택할 수 있다.
  • 영희: 어떻게 하자고?

❸ 대화 참여자들이 공유하는 신호(시선)를 보내 다음 화자를 선택할 수 있다.
  • 영희: (민수를 바라보며) 넌 파트 나누는 거에 대해 어떻게 생각해?

둘째, 대화를 하다 보면 순서 교대가 제대로 이루어지지 않아 두 사람의 화자가 동시에 말을 하는 경우가 많다. 이를 '대화의 중복'이라 한다. 일반적으로 대화에서의 중복은 바람직하지 않지만 경우에 따라 긍정적 기능을 하기도 한다(순서 교대가 정해지지 않아 우연히 발생하는 대화 중복은 한 사람이 발언을 멈추어 수정된다).

❸

(Jtbc 신년 토론의 대화)

패널1: 우리나라 10대 재벌이요. 법인세율 실효세율이 11% 내고 있어요.
패널2: 실효세율 비과세 감면을 축소해서 지금은 16점 몇 % 내요.
패널1: 평균치가 그렇고, 10대 재벌이 11%라니까요.
패널2: 기재부 (패널1: 잠깐, 아니 제 …) 세제 실장한테 제발 물어보고 답변을 하세요.
사회: 네, 얘기 (패널2: 그런 식으로 자꾸 이상한 수치 들이대면 정말 곤란해요) 하세요.

❹

(자녀와 부모의 대화)

자녀: 어제 늦게까지 공부했더니 피곤하고 (엄마: 저런) 졸려요.
엄마: 그렇구나. 몇 시까지 했는데?
자녀: 새벽 2시까지 국어 공부하고 (엄마: 어쩜, 그 시간까지) 4시까지 영어 단어 외웠어요. (엄마: 아이고, 우리 딸 기특하네)
엄마: 그럼 조그만 더 자. 이따가 깨워 줄게.

우연한 대화 중복과 달리 ❸과 ❹의 대화 중복에는 화자의 의도나 목적이 나타난다. 다만 ❸은 상대의 발화가 끝나기도 전에 끼어들어 대화를 방해하고 있는 반면, ❹는 자녀의 발화에 대한 엄마의 적극적인 반응 발화로 대화를 발전시킨다.

셋째, 대화의 '주고받는' 속성에서 대화의 최소 단위는 '대응쌍'이다. 화자가 인사말을 하면 청자 역시 인사말로 받고, 질문에는 대답하고, 제안에는 수락 내지 불가의 내용으로 받아야 대화가 완성된다. 이처럼 주고받는 말을 '대응쌍'이라 한다.

❺

(사적인 모임에서)

화자: 안녕하세요? 처음 뵙겠습니다.
청자: 네. 안녕하세요? (만나서) 반갑습니다.

| ❻ | 화자: 안녕하세요?
청자: 안녕하긴요? 잠을 못 자서 피곤한데요. |

대화 ❺는 적절한 대응쌍을 이룸으로써 다음 대화로 발전할 수 있는 반면 대화 ❻은 그러한 구조를 갖추지 못함으로써 대화를 지속하기가 부담스럽게 된다.

한편, 요청에 대한 반응으로서의 받는 말은 허락(선호범주)의 대응쌍(❼)과 거절(비선호범주)의 대응쌍(❽)으로 나타난다. 이때 비선호적인 표현은 선호적인 표현에 비해 상대방의 체면을 손상시킬 수 있기 때문에 주의해야 한다(비선호적 표현을 해야 하는 경우라면 직접적, 즉각적 표현보다는 완곡어법을 활용해야 한다).

❼	(친구에게 돈을 빌려야 하는 상황) 친구1: 민수야, 지갑을 놓고 왔는데 돈 좀 빌려줄 수 있어? 친구2: 그래. 얼마? 친구1: 응, 삼만 원. 내일 갚을게.
❽	친구1: 민수야, 지갑을 놓고 왔는데 돈 좀 빌려줄 수 있어? 친구2: 안 돼. 나 돈 없어. 완곡 ⎰ 잠깐, 지갑에 돈이 얼마나 있지? ⎱ 나 내일 부모님 결혼기념일 선물 사야 하는데 … ⎱ 오늘 학생회비 내야 하는데, 이따가 다시 얘기해 줄게.
❾	(최신 노트북을 산 친구에게) 친구1: 와, 노트북 신상이네, 얼마야? 친구2: 왜? 친구1: 궁금해서. 물으면 안 돼? 친구2: 내가 언제 물으면 안 된다고 했어?

대화 ❾는 친구의 질문에 대한 대응쌍으로 대답 대신 질문으로 받고, 또 다시 질문으로 이어진다. 즉 대응쌍의 구조가 무너지면서 둘 사이의 언쟁만 남을 뿐이다. 정상적인 대화가 되도록 다음의 대화문 ❾′를 작성해 보자.

❾

(최신 노트북을 산 친구에게)

친구1: 와, 이 노트북 신상이네, 얼마야?
친구2: _____
친구1: _____
친구2: _____

넷째, 화자와 청자의 순환적인 순서 교대로 진행되는 좋은 대화는 일정한 구조적 틀을 지니고 있다. 즉 어떻게 시작하고, 이어가고, 끝맺는가에 대한 구조이다. 흔히 이를 '시작부'-'중심부'-'종결부'라 한다.

시작부는 대화를 시작하는 부분이다. 대화를 원하는 누구든 상대방의 주의를 끌기 위해 이름을 부르거나 (날씨) 인사를 하며 화제를 꺼내게 된다. 원활한 대화 분위기를 조성하기 위한 첫걸음이다.

중심부는 본격적인 화제에 대한 대화가 진행되는 부분이다. 대화의 형태와 목적에 따라 다양하게 진행되지만 일단 화제에 대한 대화가 진행되면 관련 없는 이야기로 대화의 결속력을 깨뜨려서는 안 된다. 또한 청자는 '저런, 정말, 그래서요, 좋아요' 등의 공감적 표현으로 경청하는 자세를 보여야 한다.

한편, 중심 화제에 대한 이야기가 충분히 이루어졌으면 다른 화제로 전이가 되든지 아니면 전환이 일어난다(전이는 중심 화제와 연관이 있는 주변 이야기로 변하는 것이며, 전환은 다른 화제로 대화의 중심이 옮겨감을 의미한다).

종결부는 대화를 끝맺는 부분이다. 화자와 청자 모두 대화에 대한 종결 의사가 있음을 확인함과 동시에 마무리를 위해 너무 서둘거나 오랜 시간을 할애하는 것도 주의해야 한다. 일반적으로는 대화를 시작한 사람이 종결을 준비하는 표현(그래, 알았어, 고마워 등)과 함께 인사말로 정리하는 것이 좋다.

최근의 대화 상황 중 한 장면을 '대화의 구조'에 맞게 재구성해 보자.

시작부	화자: 청자: 화자: 청자:

↓

중심부	화자: 청자: 화자: 청자: 화자: 청자: 화자: 청자:

↓

종결부	화자: 청자:

2 대화의 행위와 간접 대화

언어가 여러 학문 분야와 관계한다는 것을 알았다. 그 연속선에서 현대 철학자들은 대화를 인간의 여러 행동 중 한 가지라는 관점에서 연구하고 있다.

1. 대화의 행위

오스틴(Austin, 1962)은 대화란 단순히 말의 차원에 머무는 것이 아니라 인간의 행위라고 보았다.

---

①

(어느 부부의 대화)

남편: 여보, 커피 한 잔 갖다 줘요.
부인: 지금 설거지 중이에요.
남편: 그럼 좀 이따가 줘.
부인: (커피를 주며) 여기 있어요.

부부의 대화에는 모두 세 가지의 행위가 나타난다. 남편은 자신의 생각을 말하고 있는데, 이를 '표현 행위'라 한다. 그리고 이 표현 행위는 부인에게 '요청 내지 요구'하는 힘을 지니는데, 이를 '수행 행위'라 한다. 마지막으로 수행된 결과로 나타나는 영향을 '결과 행위'라 한다.

첫째, 표현 행위는 특정한 내용을 말로써 표현하는 행위이다. 남편의 표현 행위는 명확하여 의미 파악이 어렵지 않다. 그러나 표현 행위만으로 의미 파악이 완전히 되지 않을 수도 있다.

---

②

엄마: 너 지금 뭐 하니?
아들: …

---

③

아들: 아빠, 오늘 차 좀 써도 돼요?
아빠: 그래. 써. 물론. 조심해. 안전운전 하고. 키 여기 있다. 늦지 않게 와. 지하 주차장에 있다. 집에 오면서 세차 좀 해라.

---

❷의 표현 행위는 어떤 의미일까? 맥락에 따라 '질의' 또는 '질책'의 의미를 나타낸다. 반면, **❸**은 다양한 표현 행위가 '허락'의 동일한 의미를 전달할 수도 있다.

둘째, 수행 행위는 표현된 말이 갖는 구체적인 힘이다. 예를 들어 "교재 120쪽 보세요."라는 표현 행위는 '명령'이나 '요청'의 수행 행위를 지니게 된다. 우리는 말의 표현 행위를 통해 다양한 수행 행위를 하고 있다.

써얼(Searle, 1974)은 수행 행위를 5가지로 분류하고 있다. 첫째, 현재 일어나는 행동이나 상태를 표현하는 '진술 행위', 둘째, 청자에게 무엇을 지시하는 '지시 행위', 셋째,

화자의 미래에 대한 약속을 표현하는 '언약 행위', 넷째, 화자의 심리적 상태를 표출하는 '표출 행위', 다섯째, 세상에 변화를 가져오는 '선언 행위'이다.

셋째, 결과 행위는 표현 행위와 수행 행위가 청자에게 영향을 미치게 하는 힘이다. "교재 120쪽 보세요."라는 발화의 결과로 청자가 교재 120쪽을 보도록 하는 것이 결과 행위이다.

❹	"여보, 커피 한 잔 갖다 줘요."	표현 행위
❺	"여보, 커피 한 잔 갖다 줘요."	수행 행위(명령 또는 요청)
❻	커피를 갖다 줌	결과 행위

인간의 발화는 음성과 내용의 단순한 결합이 아닌 행동의 한 유형이다. 대화의 행위 이론에서 가장 중요한 영역은 바로 수행 행위이다. 화자는 수행 행위가 명확한 표현 행위를 함으로써 그리고 청자는 화자의 수행 행위를 명확히 이해함으로써 원활한 인간관계를 형성할 수 있기 때문이다.

❼	(게임하는 아들에게) 엄마: 너 지금 뭐 하니?↗	아들1: 게임하고 있는데요. 아들2: 이번 게임만 하고 공부할게요.

엄마의 수행 행위를 정확히 파악하여 적절하게 반응한 이는 아들2의 대화이다.

2. 직접 대화와 간접 대화

대화 행위는 의도하는 수행 행위를 직접적으로 표현하는 직접 대화와 다른 수행 행위로 돌려서 표현하는 간접 대화로 나눌 수 있다.

첫째, 직접 대화는 화자의 의도를 직접 표현하여 빠르고 경제적인 의사소통을 가능하게 한다.

---

❶ (시험 전날, 게임을 하고 있는 아들에게)

엄마: (명령) _____

아들: 네, 알겠어요.

직접 대화에서 궁금하거나 알고 싶은 것은 '질문'으로, 요구는 '명령'이나 '지시'로, 함께하기를 바라는 것은 '청유'로 표현하는 것이다.

둘째, 간접 대화는 화자의 의도를 다른 수행 행위로 돌려 표현한다. 즉, '명령'의 의도를 '진술'과 '질문' 등으로 돌려 표현할 수 있다.

---

❷ 엄마: (진술) _____

　　　(질문) _____

아들: 네, 알겠어요.

간접 대화는 직접 대화에 비해 청자의 심리적 부담을 줄일 수 있어 갈등을 회피하여 인간관계에 도움이 된다. 왜냐하면 간접 표현이 직접 표현에 비해 좀 더 정중한 표현이 되는 경우가 많기 때문이다.

---

❸ (흡연 금지 구역에서 흡연을 하는 사람에게)

직접 대화: _____

간접 대화: _____

그러나 간접 대화가 항상 긍정적 결과만을 가져오는 것은 아니다. 상황에 따라서는 의미 전달에 문제가 생길 수도 있으며, 오히려 두 사람 간의 심리적 갈등이 심화될 수도 있다.

❹	(책상에 낙서하는 친구에게) 친구1: 야, 나이가 몇 살이니? 친구2: 내 나이, 19살.
❺	(지하철 고장으로 지각한 학생이 교수에게) 학생: 교수님, 아침에 지하철이 고장 났어요. 교수: 아, 네. 그렇군요.
❻	(보험 판매원과 고객의 전화 대화) 판매원: 고객님, 안녕하십니까? 김○호: 네. 무슨 일이시죠? 판매원: ○홈쇼핑을 이용해주신 고객님께 감사의 전화를 드렸습니다. 김○호: 네～. 판매원: 고객님, 30초 정도면 되는데. 지금 바쁘세요? 김○호: 아니요. 괜찮아요. 말씀하세요. 판매원: 최근 4～50대 성인 남성의 암 발생률이 높아지는데요. … 김○호: 저～, 제가 지금 수업 들어가야 하는데요. 판매원: 잠시만. 이번에 만 원으로 보장받을 수 있는 암보험이 출시되었는데, 혹시～. 김○호: 미안합니다. 시간이 없어서.

대화 ❹, ❺는 친구1과 학생의 간접 대화를 직접 대화(질의와 진술)로 해석하여 반응한 친구2와 교수 때문에 대화가 중단되었다. 반면 대화 ❻은 보험 가입과 거절을 위한 두 사람의 간접 대화가 서로 간의 심리적 부담으로 다가와 대화가 이어지지 못하는 상황이다.

그렇다면 간접 대화가 갖는 문제점에도 불구하고 대화에서 이를 활용하는 이유는 무엇일까? 가장 큰 이유는 화자의 '자기 방어' 심리와 청자에 대한 배려심이다.

간접 대화는 자신의 제안이나 요구가 받아들여지지 않았을 때, 이를 쉽게 철회할 수 있다. 이를 '자기 방어'라 한다. 다음의 두 가지 상황 중, 어느 쪽이 자기 방어를 쉽게 할 수 있을지 생각해 보자.

❼ (프러포즈를 직접적으로 했을 경우)

남성: ○○ 씨, 저랑 결혼해 주시겠어요?
여성: 저는 △△ 씨와 결혼할 생각이 없어요.

❽ (프러포즈를 간접적으로 했을 경우)

남성: ○○ 씨, 당신이 해 주는 따뜻한 아침밥을 먹고 싶어요.
여성: 저는 △△ 씨와 결혼할 생각이 없어요.
남성: _____

직접 대화 ❼에서 여성의 거절에 남성은 자신의 프러포즈를 철회하거나 뒤집기가 어렵다. 그러나 간접 대화 ❽에서는 아주 쉽게 자신의 프러포즈를 철회할 수 있다.

간접 대화는 직접적인 표현이 청자에게 상당한 부담이 될 때, 청자를 배려하는 화법 기술이다. 위 대화에서 여성은 직접적으로 남성의 프러포즈를 거절하고 있다. 만약 이 여성이 남성을 배려한다면 다음과 같이 말할 수 있을 것이다.

❾ (여성이 남성을 배려하여 말하는 경우)

남성: ○○ 씨, 저랑 결혼해 주시겠어요?
여성: △△ 씨, _____

남성: ○○ 씨, 당신이 해 주는 따뜻한 아침밥을 먹고 싶어요.
여성: △△ 씨, _____ / _____

일반적으로 화자와 청자 사이의 친밀감이나 심리적 부담감에 따라 대화의 양상은 달라진다. 즉 친밀하거나 심리적 부담감이 없는 관계에서는 직접적인 표현을 많이 사용하는 반면 그렇지 않은 관계에서는 간접적인 표현을 많이 사용한다.

그러나 친밀한 관계에서도 상황에 따라 상대의 부담을 덜 수 있는 간접 대화가 필요하듯이 친밀하지 않은 관계에서도 상대의 부담을 줄 수 있는 직접 대화가 필요하다. 두 가지의 대화 행위를 적절히 활용할 수 있어야 원만한 인간관계를 형성할 수 있다.

3 대화의 걸림돌과 기본자세

대화는 화자와 청자 간의 협력(순서 교대, 대응쌍 등)을 기반으로 한다. 그러나 실제 대화에서는 이를 지키지 않아서 생기는 문제보다 다른 이유로 장애가 일어나기도 한다. 그 원인과 적절한 대처법을 살피고자 한다.

1. 대화의 걸림돌

실제 대화의 상황에는 여러 변수들이 있다. 그런 만큼 대화의 장애물 또한 다양할 수밖에 없다. 그러나 대화를 구성하는 요소를 감안하면 '표현-이해'에서의 장애와 '내용'에서의 장애 그리고 '화자-청자'의 심리나 태도에서의 장애로 나타난다.

첫째, (음성) 언어로 표현하는 과정에서 상대방이 이해할 수 없는 음성(발음, 성량, 말더듬 등), 어휘(신조어, 은어, 줄임말, 전문어, 방언, 외(국)래어, 속어, 비어 등)는 대화의 장애가 된다.

❶	친구1: 영미야, 저기 [배:船]가 많이 있네. 친구2: 그래. 우리 만 원어치만 사서 가자.

❷	엄마: 아들, 오늘 날씨 좋은데 야외로 놀러 갈까? 아들: 엄마, 나 내일 영어 시험. 빼박캔트 공부해야 해. 엄마: 빼박캔트 공부? (무엇을 공부하는 걸까?)

❶은 [배:船]와 [배:梨]의 동일 발음이, ❷는 '빼박캔트'라는 신조어가 대화의 흐름을 끊고 있다. 혹시 대화가 지속되더라도 친구1과 아들이 '배'와 '빼박캔트'의 의미를 설명한 이후에야 대화가 온전히 마무리된다.

둘째, 대화의 목적, 상황에 적절하지 않은 화제이거나 화제에서 벗어난 내용 그리고 새로운 정보가 없는 내용은 대화의 장애가 된다.

❸	친구1: 그동안 잘 지냈어?
	친구2: 어, 너도 별일 없었지? 인사해 내 여자 친구야.
	친구1: 반갑습니다. 저는 ○○○라 합니다. 그런데 지난번에 봤던 얼굴이 아니네.

❹	남성: ○○ 씨는 컬링 언제부터 하셨어요?
	여성: 중학교 1학년 때부터 고등학교 2학년 때까지 했어요.
	남성: 그래요. 요즘 중고등학생들의 폭력이 너무 심해서 큰일이에요.

❺	아빠: 대학 입학하니 좋아?
	아들: 네.
	아빠: 학과 교수님과 선배들은 어때?
	아들: 좋아요.
	아빠: 동아리 활동은 어떤 걸 생각하고 있어?
	아들: 글쎄요.

대화 ❸은 상황을 고려하지 않은 화제로, ❹는 중심 화제를 벗어난 내용으로 대화가 지속되기 어렵다. ❺에서 '아빠'는 화제를 던지며 이야기를 이끌어 가는데, '아들'은 짧게 받아치기만 한다. 결국 '아빠'는 대화를 책임져야 하는 부담감에, '아들'은 추궁 당한다는 부담감에 어느 한 쪽이 대화를 포기하게 될 것이다.

셋째, 대화의 '표현-이해' 장애와 내용 장애는 화자와 청자 간의 심리 및 태도에서 비롯되는 경향이 매우 크다(대화 상황에 대한 두려움과 공포감이 대화의 장애를 일으키는 주된 심리적 요소이다).

| ❻ | 친구1: 영미야, 저 ~, 너 혹시 지금 그 뭐냐 ~, 아유, 그러니까 … |
| | 친구2: …??? |

❻의 친구1은 내용에 대한 심리적 부담에 화제를 정확히 표현하지 못하고 있다.

한편, 대화의 가장 큰 걸림돌은 말이 갖는 부정적 힘에 의해서 발생한다. 대화 참여자 중 누군가가 부정적 힘의 대화를 하는 순간 상대는 감정적 상처를 받게 되어 대화가 지속되기 어렵기 때문이다.

그러면 말의 부정적 힘은 어떻게 생성되는가? 상대를 배려하지 않는 대화 참여자의 태도에서 비롯되며, 그러한 화자의 태도는 아래의 대화 ❼~❾처럼 상대를 무시, 비난

159

하거나 일방적으로 명령 또는 위협, 훈계 등의 언어 표현으로 나타난다.

⑦	언니: 너 왜 또 그러니? 그만 일로. 동생: 그래, 언니는 항상 천사표에, 맨날 잘났으니까. 언니: 그럼, 너도 좀 잘하지 그러니? 동생: 뭘 어떻게 잘하란 말이야? 잘난 언니나 잘해. 언니: 쟤하곤 통 말을 할 수가 없다니까. <div align="right">전정례·허재영(2002:116-7)</div>
⑧	엄마: 빨리 밥 먹고 도서관 가서 공부해. 자녀: 엄만 공부 얘기밖에 할 게 없어. 엄마: 너 지금 몇 학년이니? 고3이야. 고3에게 가장 중요한 게 뭐니? 바로 공부야. 자녀: 알아요. 누가 몰라서 그래요? 엄마: 옆집의 ○○는 좀 쉬라고 해도 도서관 가서 공부하는데 너는 도대체 왜 그러냐?
⑨	여자 후배: 선배, 어떻게 하면 남자를 사귈 수 있을까요? 남자 선배: 야, 거울을 봐봐.

2. 대화의 기본자세

원활한 대화를 위해서는 대화의 걸림돌부터 제거해야 한다. 그런데 대화의 걸림돌 대부분은 대화 참여자의 태도에서 비롯된다. 즉, 상대에 대한 관심과 배려 그리고 상호 협력이라는 기본자세의 부재가 대화에서 표현과 내용의 장애로 나타난다.

대화는 최소 '나'와 '너' 둘 사이의 언어적 행동이다. 언어적 행동으로 부정적 결과를 바라는 사람은 없을 것이다. 그러한 부정적 결과를 막기 위해서 '나'와 '너'는 입장을 바꿔 말할 수 있고, 상대의 말에 경청하는 자세를 지녀야 한다.

①	언니: 내가 금방 한 말에 너 기분이 좀 상했구나. 동생: 응, 난 언니가 항상 현명하게 보여. 그래서 샘이 나. 언니: 그건 내가 언니기 때문일 거야. 너도 언니였다면 나처럼 말하고 행동했을걸. 동생: 그럴까? 언니도 동생이었다면 나처럼 말하고 행동하고 그랬을까? 언니: 당연히 그랬을 거야. 난 항상 순수하고 명쾌한 네가 샘나. 난 좀 생각이 늘 복잡하잖니? 동생: 그러니까 언니는 나에게 항상 든든한 존재지. 언니: 넌 항상 내게 사랑스러운 존재고, 네가 없다면 난 세상이 조금은 덜 즐거울 거야. <div align="right">전정례·허재영(2002:117)</div>

언니와 동생의 대화 **❼**(160쪽)이 상대의 상황이나 입장을 배려하지 않아 갈등만 남겼다면 대화 **❶**에서는 서로의 입장을 바꾸어 말하고 공감하며 들으며 돈독한 자매 관계를 유지하고 있다.

한편, 언니와 동생의 대화 **❼**(160쪽)과 **❶**은 첫 대화의 주어가 다르다. 일인칭 '나'로 시작하는 것을 '나'-전달법이라 하고, '너'로 시작하는 것을 '너'-전달법이라 한다. **❼**(160쪽)의 언니는 동생과의 관계에서 발생한 문제를 '너'-전달법의 대화 방식으로 동생을 공격, 비난하고 있다. 그러나 **❶**의 언니는 자신의 생각이나 감정을 솔직하게 표현하는 '나'-전달법의 대화 방식으로 문제를 해결하고 있다.

❷	자녀: 엄마 오늘 신입생 환영회 때문에 좀 늦었어요.
	엄마: 너, 지금 시간이 몇 시인 줄 알아? 정신 있니?
	자녀: 엄마, 저도 이제 대학생이에요. 고등학생이 아니라고요.

대화 **❷**의 상황에서 엄마와 자녀의 대화를 '나'-전달법으로 바꾸어 보자. 먼저 상대방의 행동을 서술한 후, 그 행동이 주는 구체적인 영향을 밝힌다. 그리고 그 결과에 대한 느낌이나 감정을 밝혀 보자.

❷´	자녀: 엄마, 오늘 신입생 환영회 때문에 좀 늦었어요.
	엄마: _____
	자녀: 네. 다음부터는 늦지 않게 들어올게요. 죄송해요.

❷″	자녀: 엄마 오늘 신입생 환영회 때문에 좀 늦었어요.
	엄마: 너, 지금 시간이 몇 시인 줄 알아? 정신 있니?
	자녀: _____
	_____
	엄마: 그래. 화부터 내서 미안하다.

다음으로, 대화의 부정적 결과를 막기 위해서는 상대의 말을 경청해야 한다. 상대의 말을 경청하기 위해서 필요한 것은 공감 능력이다. 따라서 공감적 경청의 자세가 중요하다.

우리는 '경청'의 한자어 속에 공감 능력이 내재하고 있음을 알 수 있다.

경(傾)
↓
기울다

청(廳)
↓
듣다

'경청'은 상대에게 나를 기울여 듣는 것이다. 상대에게 몸과 눈을 향하게 하고, 정성과 진심을 기울여야 하는 것이다.

한편, 경청은 상대에 대한 화자의 답변 태도에 따라 세 가지로 구분할 수 있다.

다음은 연말 부부 모임에 입고 갈 옷을 고르는 과정에서 부인과 남편이 주고받은 대화이다.

부인: 여보, 정장을 입고 갈까? 원피스를 입을까?
남편1: 아무거나 입어. 둘 다 좋아.
남편2: 당신은 정장보다 원피스가 어울려.
남편3: 부부 모임이라 옷에 신경이 쓰이나 보네. 내 생각에는 원피스를 입는 것이 분위기에도 맞을 거 같고, 당신한테 더 어울릴 것 같은데.

남편1은 부인의 질문에 소극적 경청의 자세를 보인다. 반면 남편2는 적극적 경청, 남편3은 공감적 경청의 자세를 나타낸다. 소극적 경청에서 공감적 경청으로 진행될수록 부인의 남편에 대한 이해와 배려의 마음이 짙음을 알 수 있다(코비(1989)의 『성공하는 사람들의 7가지 습관』에서는 '공감적 경청'을 5번째 습관으로 제시하고 있다).

마당 나오기

- 대화는 화자, 청자, 메시지, 맥락을 중심으로 하는 인간의 행동이다.
- 대화는 표현 행위, 수행 행위, 결과 행위로 나타나며, 수행 행위를 직접적으로 표현하는 직접 대화와 다른 수행 행위로 돌려서 표현하는 간접 대화로 나뉜다.
- 원만한 인간관계는 대화의 걸림돌을 제거하기 위해 입장 바꾸어 생각하고 말하는 '역지사지'(易地思之)와 공감적 경청의 자세에서 비롯한다.

---

1. '나'와 대화가 잘 되는 사람과 그렇지 않은 사람을 분류해 보자. 그리고 그들의 화법의 특징에 대해 알아보자.

---

2. '나'와 누군가의 문제 상황을 설정한 후, '나'-전달법의 대화문을 만들어 보자.

---

3. '나'의 '입장 바꿔 말하기'와 '공감적 경청'의 역량에 대해 설명해 보자.

163

대화의 원리

마당 열기

삶은 대화의 연속!

우리의 삶은 대화로 시작해서 대화로 끝난다. 그 과정에서 대화를 성공적으로 이끄는 사람들이 있는 반면 그렇지 못한 사람들도 많다. 그 차이는 무엇일까?

성공적인 대화의 원리!

성공적인 여러 대화를 분석하면 그렇지 않은 대화와의 차이점을 발견할 수 있다. 그것이 바로 대화의 원리이다. 즉 성공적인 대화의 참여자들은 그렇지 않은 대화의 참여자와 달리 상호 협력을 기본 전제로 하고 있음을 알 수 있다.

협력의 원리와 공손성의 원리!

대화의 기본은 대화를 이끌어가는 참여자의 협력이다. '나'는 '너'를 '너'는 '나'를 상호 대등한 관계로 인정하고 배려할 때 대화의 목적을 달성할 수 있다. 동시에 상대에게 공손하지 않은 표현보다는 공손한 표현을 최대화해야 한다.

※ 다음 ❶ ~ ❹와 관계있는 대화의 원리에 대해 알아보자.

A: ○○아, 안녕. 좋은 아침. 혹시 ▽▽이 전화번호 아니?

B: (알면서) ❶<u>개 전화번호 몰라.</u>

A: 너희 어제도 통화했잖아. 그러지 말고 좀 알려주라.

B: ❷<u>▽▽이는 너무 이기적이야.</u> 나 이제 개랑 얘기 안 해.

A: ❸<u>네가 상처를 받았구나.</u> 네 마음 충분히 이해해. 그런데 조별 과제로 급히 연락을 해야 하는데 번호 좀 알려주라.

B: 알았어. 000-××××-0000번이야.

A: 고마워.

B: 그래. ❹<u>그러면 다음에 밥이나 사.</u>

● 한 줄 생각: _____

마당 들어가기

1 대화의 격률

그라이스(Grice, 1975)는 성공적인 대화의 요건으로 협력의 원리와 함께 양의 격률, 질의 격률, 관련성의 격률, 태도의 격률을 제시하였다.

대화에서의 협력은 대화 참여자가 대화의 목적에 성공적으로 도달하기 위한 가장 핵심적인 요소이다. 화자와 청자는 대화의 목적과 상황에 맞는 적절한 대화 내용을 주고받아야 한다. 그렇지 않을 때에는 대화의 진전이나 지속이 힘들기 때문이다.

❶	엄마: 오늘따라 많이 피곤하네. 일찍 자야겠다. 자녀: 엄마, 내일 별일 없으면 우리 영화 보러 가요. 네? 엄마: 얘, 귀찮게 영화관을 왜 가니? 그냥 집에서 TV로 보자.
❷	엄마: 왜 이렇게 늦었니? 무슨 일 있었어? 자녀: (방문을 잠그며) 안녕히 주무세요. 내일 일찍 깨워 주세요.

위의 두 상황은 각각 엄마와 자녀가 협력의 원리를 위배함으로써 대화가 더 이상 이어지기 어렵다. 한편 ❶과 달리 ❷는 자녀가 의도적으로 협력의 원리를 위배함으로써 더 이상 대화를 하지 않겠음을 분명히 하고 있다.

그라이스는 대화 참여자가 협력의 원리를 실현하는 구체적 방안으로 위의 4가지 격률을 들었다. '격률'(maxim, 格率)이라는 용어는 '규칙', '준칙'이라는 의미이다.

1. 양의 격률(the maxim of quantity)

효과적인 대화를 위해서 화자는 대화의 목적에 필요한 만큼의 정보를 제공해야 한다. 따라서 제공하는 정보의 양이 너무 적어서도 안 되고, 너무 많아서도 안 된다.

❶	언니: 누구 전화야? 동생: 응, 친구. 언니: 어떤 친구? 동생: 같은 과 친구. 언니: 남자, 여자? 동생: 언니, 뭐가 궁금한 거야.
❷	언니: 누구 전화야? 동생: 응. 같은 과 남학우인데, 고향이 제주도야. 학교 기숙사에서 생활하는데 주말이면 과외도 하고 카페에서 아르바이트 하느라고 정신이 없나 봐. 위로 형이 한 명 있고, 밑으로 여동생이 있어 너무 힘들대. 그런데 그 친구 제주도 고향집이 바닷가 근처라서 경치가 아주 좋대. 제주도 오면 언제든지 연락하래. 언니 이번 방학에 제주도 가자 응? 언니: 그, 그래 ….

언니와 동생의 대화 ❶과 ❷는 양의 격률을 지키지 않은 동생 때문에 좋은 대화가 되지 못하였다. ❶은 최소한의 정보만을 제공하여 언니의 궁금증을 풀어주지 못하였고, ❷는 필요 없이 너무 많은 정보를 제공하여 언니의 말문을 막고 있다.

2. 질의 격률(the maxim of quality)

효과적인 대화를 위해서 화자는 타당한 근거를 들어 진실을 말해야 한다. 진실한 내용으로 대화에 임하는 사람과 그렇지 않은 사람 중 누구에게 마음이 이끌리는가? 질의 격률에 따라 대화하는 것은 바람직한 인간관계에도 큰 도움이 된다.

❶	친구1: ○○야, 지금 뭐 해? 친구2: 한글 맞춤법에 대해 공부하고 있는데, 너무 헷갈려. 친구1: 혹시, 한글 맞춤법의 원리에 대해 설명 좀 해 줄 수 있어? 친구2: (알고 있으면서) 나도 잘 몰라. ▽▽한테 물어봐.

168

❶에서 친구2는 질의 격률을 어기며 친구1과의 대화를 의도적으로 회피하고 있다. 한편, 실제 대화에서는 상대를 속이기 위해 또는 배려하기 위해 거짓으로 대화를 이어 가기도 한다.

❷
형사: 어제, ○○은행 ATM 지급기에서 돈 인출했죠?
범인: 저는 은행 창구에서만 돈을 인출합니다.
형사: 그럼 이 CCTV에 찍힌 사람은 누구죠?
범인: 글쎄요. 저는 모르죠. 아무튼 저는 아닙니다.

❸
과장: ○○ 씨, 요즘 많이 피곤한 것 같아요. 무슨 일 있어요?
사원1: 괜찮습니다. 걱정하지 마십시오.
사원2: 네. 요즘 회사일이 너무 힘들어서요.

❷의 범인은 형사를 속이기 위해 의도적으로 거짓 진술을 하고 있다. ❸의 사원1은 회사일이 힘듦에도 불구하고 상사가 걱정할까봐 염려되어 거짓을 말하고 있다.

질의 격률이 분명 성공적인 대화의 한 요건임에는 분명하다. 그러나 ❸의 사원2처럼 상대방에게 자신의 솔직함을 드러냄으로써 얻을 수 있는 효과는 무엇일까? 솔직하다는 긍정적 평가보다는 과중한 업무를 지시한 과장을 탓한다는 부정적 평가로 받아들일 가능성이 더 커 보인다. 따라서 질의 격률은 상황에 따라 주의해 사용해야 하는 격률이다.

3. 관련성의 격률(the maxim of relevance)

효과적인 대화를 위해서 대화 목적이나 주제와 관련된 것을 말해야 한다. 협력의 원리를 바탕으로 양과 질의 격률을 지켜도 관련성의 격률을 위배하면 대화가 어렵다.

❶
친구1: ○○야, 안녕.
친구2: 어 ~ . 안녕. 어디 가니?
친구1: 너 내일 발표 준비 다 했어?

대화 ❶은 물음의 목적에 부합하지 않은 답을 함으로써 관련성의 격률을 어기고 있다. 한편, 표면적으로 관련성의 격률을 위배하고 있는 것처럼 보이지만 두 사람의 공유한 정보에 따라 적격한 대화가 될 수도 있다.

❷	시부모: 에미야, 아범 집에 있니? 며느리: 어머니. 오늘 월요일이잖아요. 시부모: 아, 그렇구나. 요즘 내가 요일을 잊고 산다니까.

대화 ❷에서 시부모의 질문에 며느리는 전혀 다른 말을 하여 관련성의 격률을 지키지 않은 듯하고, 동시에 협동의 원리와 양의 격률도 지키지 않은 것으로 보인다. 그러나 이는 일상생활에서 흔히 볼 수 있는 정상적인 대화의 한 모습이다.

❸	친구1: 오늘 시험 잘 봤어? 친구2: 응. 생각한 만큼 본 것 같아. 너는? 친구3: 야. 배 고프다. 밥이나 먹으러 가자.

대화 ❸의 친구1과 친구2는 대화의 규칙을 준수하며 이야기를 전개하고 있다. 그런데 친구3은 대화 내용과 관계없는 말로 관련성의 격률을 의도적으로 위배하고 있다. 친구3의 대화는 시험을 잘 보지 못했다거나 시험 얘기 더 이상 하고 싶지 않다는 것을 함축하고 있다(의사소통 과정에서 의도적으로 대화의 격률을 위반함으로써 자신의 발화 의도를 함축적으로 전달하는 것을 '대화함축'이라 한다).

4. 태도의 격률(the maxim of manner)

효과적인 대화를 위해서 모호하거나 중의적인 표현을 피하고, 예절을 갖추어 간결하고 조리 있게 말해야 한다.

❶	부인: 여보, 점심 뭐 먹을까요? 남편: 글쎄, 밥은 별로고. 냉면. 자장면. 아니면 초밥. 아무거나 먹자.
❷	엄마: 얘, 저녁 네가 차려 먹어라. 엄마 드라마 봐야 하니까. 자녀: 엄마는 나보다 드라마를 더 좋아하는 것 같아.
❸	교수: 오늘 발표 수업에 늦은 이유가 뭐예요? 학생: ppt 자료 준비하고, 일찍 나왔어요. 발표할 자료를 usb에 담아 놓고 깜빡해서 집에 갔다 　　　가 다시 왔어요. 교수: 아, 발표 자료가 담긴 usb를 집에 가서 가져 오느라 늦었군요.

대화 ❶은 모호한 표현으로, ❷는 중의적 표현으로, ❸은 조리 없고 복잡한 표현으로 태도의 격률을 위배하고 있다.

2 공손성의 원리

우리는 성공적인 대화를 위한 대화 참여자들의 기본자세에 대해 살펴보았다. 이 논의와 관련하여 리치(Leech, 1983)는 공손성의 원리를 언급하였다.

공손성의 원리란 공손하고 예절바르게 주고받는 말의 태도를 기반으로 대화 참여자들 사이의 사회적인 관계를 형성하고 유지시키는 기능을 한다. 의사소통을 하는 대화 참여자들은 언제나 협력의 원리에 의해서 효율적인 정보를 전달하는 데만 주력하는 것은 아니다(이창덕 외, 2010:232).

공손성의 원리는 상대방에게 정중하지 않는 표현은 최소화하고, 정중한 표현은 최대화하라는 것이다. 리치는 이와 관련하여 요령, 관용, 찬동, 겸양, 동의의 다섯 가지 격률로 설명하고 있다. 결국, 대화에서의 '공손성'은 타인의 체면은 높이 세우고 자신은 낮추는 태도로, 대화 참여자들 사이의 사회적인 관계를 형성하고 유지시키는 데 매우 중요한 역할을 한다.

171

> - 가방 좀 들어!↘
>   - 가방 때문에 팔이 아프네.↘
>   - 가방 들어 줄래?↘
>   - 가방 좀 들어 줄 수 있니?

　4가지 표현 중 직접적인 명령보다는 간접 표현이나 공손형 표현이 상대의 입장을 고려한 말하기이다. 그러나 아래처럼 직접 명령이 공손 표현이 될 수도 있다.

> 1학년: 발표 주제가 다양한데, 우리 조는 무엇을 발표할까요?
> 3학년: 저는 다 괜찮아요. 여러분이 하고 싶은 것을 결정하세요.

1. 요령의 격률(Tact maxim)

　요령의 격률은 "상대방에게 부담이 되는 표현은 최소화하고 상대방에게 이익이 되는 표현을 극대화하라."는 것이다.

> 후배: 선배님, 어디 가세요?
> 선배: 어, 잘 만났다. 너 이거 들고 따라와.

　선배의 직접적인 요구나 명령이 그 상황을 벗어나야 하는 후배에게는 상당한 부담이 된다. 이럴 경우 선배는 후배의 부담을 들 수 있는 표현을 최대한 사용하여 후배를 배려해야 한다.

> 후배: 선배님, 어디 가세요?
> 선배: 어, 잘 만났다. _____

172

일반적으로 화자가 사용하는 '혹시', '지금', '좀', '~니?' 등의 표지들은 청자의 부담을 최소화하는 데 큰 도움이 된다. 상대방에게 거절할 수 있는 선택의 여지를 주어 상대방의 부담을 최대한 줄여주기 때문이다.

2. 관용의 격률(Generosity maxim)

관용의 격률은 "화자 자신에게 혜택을 주는 표현은 최소화하고 자신에게 부담을 주는 표현을 최대화하라."는 것이다.

> 학생: 언어가 의사소통의 수단일 때, '동물의 언어'도 가능하다는 말이죠?
> 교수: 잘 안 들리네요. 좀 더 크게 다시 말해 주세요.

학생과의 대화에서 교수는 못 들은 책임을 학생에게 부담시켜 관용의 격률을 위배하고 있다. 자신에게 책임을 돌려 자신의 부담을 최대화하는 대신 상대의 부담을 최소화할 수 있는 표현은 무엇이 있을까?

> 학생: 언어가 의사소통의 수단일 때, '동물의 언어'도 가능하다는 말이죠?
> 교수: _____

3. 찬동의 격률(Approbation maxim)

찬동의 격률은 "다른 사람에 대한 비방이나 트집은 최소화하고 칭찬을 극대화하라."는 것이다. 강의를 듣고 나오면서 "강의 잘 들었습니다."라고 말하는 것은 찬동의 격률을 지키는 것이고, 강의가 별로 좋지 않았으면 아무 말도 하지 않고 조용히 나오는 것도 찬동의 격률을 지키는 것이다(구현정, 1997:193).

> 교수: 지금까지 『현대인의 언어생활』 수강하시느라 수고하셨습니다. 강의 내용이 여
> 러분의 언어생활에 도움이 되길 바랍니다.
> 학생1: 제 언어생활에 어떤 도움이 될지 잘 모르겠네요. 아무튼 감사합니다.
> 학생2: 수업 중, '언어의 힘'에 대해 생각하면서 앞으로 상대를 배려하며 대화를 해야
> 겠다는 깨달음을 얻은 좋은 강의였습니다. 감사합니다.

마지막 강의 시간에 주고받은 교수와 학생의 대화 중, 찬동의 격률을 지키며 교수의 강의를 긍정적으로 평가하는 학생2의 대화가 정중어법에 해당한다.

4. 겸양의 격률(Modesty maxim)

겸양의 격률은 "자신에 대한 칭찬은 최소화하고 자신에 대한 비방을 극대화하라."는 것이다. 누군가의 칭찬에 대한 "아닙니다, 과찬이십니다, 별 말씀을 다 하십니다, 아직 여러모로 부족합니다." 등의 표현이 이에 해당한다.

> 교수: 오늘 발표 아주 좋았어요.
> 학생: 네, 감사합니다. 제가 발표만큼은 누구 못지않게 잘 합니다.

교수의 칭찬을 학생은 감사하면서 받아들이고 있다. 그러나 그 이후의 말은 겸양의 격률을 지키지 않아 정중어법에서 다소 벗어난 표현이 되고 말았다.

> 부장: 김 과장, 이번에 승진한 거 축하해.
> 과장: 아직 능력이 많이 모자라는데, 제가 이 일을 잘 할 수 있을지 걱정이에요. 기대
> 에 어긋나지 않게 최선을 다 하겠습니다.

부장님의 승진 축하 인사말에 대해 과장은 자신을 낮추는 겸양의 격률을 보이고 있다.

5. 동의의 격률(Agreement maxim)

동의의 격률은 "자신의 의견과 다른 사람의 의견 사이의 다른 점을 최소화하고 자신의 의견과 다른 사람의 의견 사이의 일치점을 극대화하라."는 것이다.

> 남자: 이 책상을 저 쪽으로 옮깁시다.
> 여자: 그것도 좋겠지만, 그대로 두어도 좋을 것 같은데요.
> 남자: 그래요. 그렇지만 낮에 해가 너무 직접적으로 들어서요.
> 여자: 그렇군요. 그 생각은 미처 못 했어요. 그런데 집안이 너무 어둡지 않을까요?
>
> 구현정(1997:195-196)

두 사람은 서로 일치되지 않은 의견을 가지고 있고, 자신의 의견을 계속 이어가고 있다. 그러나 의견 불일치로 인한 갈등은 연출되지 않는다. 왜냐하면 먼저 상대의 주장에 동의함으로써 상대방과의 의견 일치를 강조하고 자신의 의견을 뒤에 말함으로써 동의의 격률을 지키고 있기 때문이다. 다음의 대화는 어떨까?

> 남편: 다음 주 애들 방학하면 강원도로 1박 2일 어때?
> 부인: 강원도 좋아요. 그런데 날씨가 추워서 부산으로 가면 어떨까요?
> 남편: 그래, 부산도 괜찮겠군. 해운대 바다도 거닐고, 자갈치 시장에서 맛있는 것도 먹고.

남편의 제안에 부인은 먼저 동의함으로써 남편과의 일치를 강조하고 있다. 그리고 자신의 견해를 밝히며 남편의 동의를 얻어내고 있다. 이처럼 동의의 격률에 따른 대화는 상대와의 갈등이나 대립을 피하는 바람직한 방법이 될 수 있다.

지금까지 살펴본 다섯 가지 격률은 상대방이 듣기 좋은 말과 상대방에게 이익이 되는 말 그리고 상대방의 좋은 점을 이야기하고 칭찬을 하는 훌륭한 언어 습관이다.

읽기자료 8

[민송기의 우리말 이야기] 그렇구나

- 민송기, 매일신문, 2013.04.08.

올해부터 수능 국어에는 듣기 평가가 빠지고 '화법'이라는 새로운 영역이 시험에 출제가 된다. (중략) 새롭게 들어간 화법은 우리가 실제 사용하고 있는 구어를 대상으로 이것이 상황과 맥락에 맞게 적절하게 사용되었는지 분석하는 것이다. 화법을 실제 수업을 해 보면 지극히 상식적임에도 우리가 잘 지키지 못하는 언어 습관들을 다시 한 번 생각해 보게 된다.

화법의 수많은 내용 중 사람들이 꼭 의식해야 하는 것은 공손성의 원리 중 '동의의 격률'이라는 것이다. 동의의 격률이란 말을 할 때 자신의 의견과 다른 사람의 의견 사이의 차이점은 최소화하고 일치점을 극대화해야 한다는 것이다. 무슨 격률이라고 할 필요도 없이 상식적인 것이고, 말로 인간관계를 형성하는 데 가장 기본적인 것이다.

예를 들어 아들의 성적이 떨어지자 아내가 학원을 한 군데 더 보내면 어떻겠냐고 물어보았을 때, 남편이 "뭐, 지금까지 들인 돈이 얼만데, 또 학원에 보내?"라고 하면 아내는 기분이 나빠진다. 거기다 덧붙여 "머리는 누구를 닮아서 저 모양이야."라고 한다면 그것은 전쟁의 서막이 되는 것이다. 친구 사이에서도 마찬가지다. "K팝스타 봤니? 방예담 정말 잘하더라."라고 이야기했는데, "뭐가 잘한다는 거야? 가사 전달 안 되고 듣기 불편하던데." 이런 반응을 들으면 기분이 슬며시 나빠지고, 반박을 하고 싶어진다. 이를 보면 의견의 차이점이 많지 않고, 있어도 드러내지 않는 친구를 '막역지우'(莫逆之友)라고 하여 친한 친구를 표현하는 말 중의 하나로 사용하는 이유를 알 수 있다.

동의의 격률을 연습하는 방법 중 하나는 의식적으로 '~구나'를 사용하는 것이다. '~구나'는 '화자가 새롭게 알게 된 사실에 주목함을 나타내는 종결 어미. 흔히 감탄의 뜻이 수반된다.'고 사전에 나와 있다. 사전에 없지만 '~구나'에 담겨 있는 가장 중요한 전제는 상대의 말을 그대로 인정한다는 것이다. 위의 예에서 '~구나'를 사용해서 "당신은 애가 학원을 덜 다녀서 성적이 안 나온다고 생각하는구나.", "너는 공기 반 소리 반, 두성이 열린 소리를 좋아하는구나."라고 답을 한다면, 비록 자신과 의견이 다르다 할지라도 기분이 나쁠 일은 없을 것이다.

흔히 친구 사이에는 정치와 종교 이야기를 하지 말라고 한다. 사람들은 이 두 주제에서 차이가 있을 때는 상대를 인정하지 못하기 때문이다. 그렇지만, 이 주제에 대해서 이야기할 때도 한 번 "그렇구나"라고 먼저 말을 해 보라. 아마 마음이 조금 너그러워져서 별것 아닌 것으로 왜 그렇게 심각하게 고민하고 불쾌하게 생각했을까 하는 마음이 들 수도 있을 것이다.

마당 나오기

- 대화 참여자들은 대화의 목적, 상황에 적절한 내용을 주고받도록 협력해야 한다.
- 그라이스(Grice)는 성공적인 대화의 원리로 '양의 격률, 질의 격률, 관련성의 격률, 태도의 격률'을 제시하였다.
- 리치(Leech)는 성공적인 대화를 위한 대화 참여자의 태도, '공손성의 원리'(정중어법)를 강조하였다.

---

1. 다음은 그라이스의 격률 중, 어떤 격률을 위배하고 있는가?

A: 영미야, 너 은정이 어디 사는지 알아?
B: 대한민국 경기도 성남시 수정구 성남대로 1342 가천대학교 제2기숙사 303호에 살아.

---

2. '대화함축의 원리'를 활용해 A의 질문에 적절한 대화문(B)을 써 보자.

A: 우리 막내딸, 오늘 중간고사 잘 봤니?
B: ❶ _____
   ❷ _____
   ❸ _____

---

3. '공손성의 원리'를 활용해 A의 칭찬에 적절한 대화문(B)을 써 보자.

A: 학생은 항상 수업 시작 30분 전에 와서 예습하는 모습이 아주 훌륭해요.
B: ❶ _____
   ❷ _____
   ❸ _____

'나'의 대화 분석

마당 열기

다음 대화를 분석해 보자.

만약 조○○ 씨가 대화의 원리를 따랐다면 어떻게 해야 했을까? 그리고 그 결과는 어떠했을까?

> 승무원: (견과류 봉지를 열지 않은 채 보여 주면서) 견과류도 드시겠는지요?
>
> 조○○: (봉지도 까지 않고) 이런 식으로 서비스하는 게 맞냐?
>
> 승무원: 매뉴얼에 맞게 서빙한 것입니다.
>
> 조○○: 서비스 매뉴얼을 가져와라.
>
> (박○진 사무장이 서비스 매뉴얼이 저장된 태블릿 피시를 조○○에게 전달)
>
> 조○○: 내가 언제 태블릿 피시를 가져오랬어. 갤리인포(기내 간이주방에 비치된 서비스 매뉴얼)를 가져오란 말이야. 아까 서비스했던 그×, 나오라고 해. 내리라고 해.
>
> (태블릿 피시를 읽은 다음 승무원의 설명이 맞다는 것을 알고 나서)
>
> 조○○: 사무장 그 ×× 오라 그래. 이거 매뉴얼 맞잖아. 니가 나한테 처음부터 제대로 대답 못해서 저 승무원만 혼냈잖아. 다 당신 잘못이야. 그러니 책임은 당신이네. 너가 내려.

_____

_____

_____

_____

_____

● 한 줄 생각: _____

❶	20○○년 ○○월 ○○일 '나'의 대화(음성/문자, 이메일 등)	
형식/종류	□공적 □사적 □기타	□설명 □설득 □제안 □기타
참여 인원		
대화 목적 및 대화 상황	■ 목적 ■ 상황	
대화 내용 및 대화 전개		
장애 요소		
대화 분석	■ '나'의 대화 분석 ■ '너'의 대화 분석	
대화 총평		100점

181

❷	20○○년 ○○월 ○○일 '나'의 대화(음성/문자, 이메일 등)	
형식/종류	☐공적 ☐사적 ☐기타	☐설명 ☐설득 ☐제안 ☐기타
참여 인원		
대화 목적 및 대화 상황	▪ 목적	
	▪ 상황	
대화 내용 및 대화 전개		
장애 요소		
대화 분석	▪ '나'의 대화 분석	
	▪ '너'의 대화 분석	
대화 총평		100점

❸	20○○년 ○○월 ○○일 '나'의 대화(음성/문자, 이메일 등)	
형식/종류	☐공적 ☐사적 ☐기타	☐설명 ☐설득 ☐제안 ☐기타
참여 인원		
대화 목적 및 대화 상황	■ 목적 ■ 상황	
대화 내용 및 대화 전개		
장애 요소		
대화 분석	■ '나'의 대화 분석 ■ '너'의 대화 분석	
대화 총평		100점

❹	20○○년 ○○월 ○○일 '나'의 대화(음성/문자, 이메일 등)	
형식/종류	☐공적 ☐사적 ☐기타	☐설명 ☐설득 ☐제안 ☐기타
참여 인원		
대화 목적 및 대화 상황	■ 목적 ■ 상황	
대화 내용 및 대화 전개		
장애 요소		
대화 분석	■ '나'의 대화 분석 ■ '너'의 대화 분석	
대화 총평		100점

❺	20○○년 ○○월 ○○일 '나'의 대화(음성/문자, 이메일 등)	
형식/종류	☐공적 ☐사적 ☐기타	☐설명 ☐설득 ☐제안 ☐기타
참여 인원		
대화 목적 및 대화 상황	■ 목적 ■ 상황	
대화 내용 및 대화 전개		
장애 요소		
대화 분석	■ '나'의 대화 분석 ■ '너'의 대화 분석	
대화 총평		100점

185

⑥	20○○년 ○○월 ○○일 '나'의 대화(음성/문자, 이메일 등)	
형식/종류	☐공적　☐사적　☐기타	☐설명　☐설득　☐제안　☐기타
참여 인원		
대화 목적 및 대화 상황	■ 목적 ■ 상황	
대화 내용 및 대화 전개		
장애 요소		
대화 분석	■ '나'의 대화 분석 ■ '너'의 대화 분석	
대화 총평		100점

❼	20○○년 ○○월 ○○일 '나'의 대화(음성/문자, 이메일 등)	
형식/종류	☐공적 ☐사적 ☐기타	☐설명 ☐설득 ☐제안 ☐기타
참여 인원		
대화 목적 및 대화 상황	■ 목적 ■ 상황	
대화 내용 및 대화 전개		
장애 요소		
대화 분석	■ '나'의 대화 분석 ■ '너'의 대화 분석	
대화 총평		100점

마당 나오기

※ 다음 국립국어원의 <동영상> "당신의 언어 습관을 기록합니다."(2015.12.16.)를 감상한 후, 일주일 간 진행한 '나'의 대화 일지를 되돌아보자.

http://www.korean.go.kr/front/board/boardMovieView.do?board_id=14&b_movie_type=4&mn_id=56&b_seq=283&pageIndex=2

언어의 순화

마당 열기

국어 순화의 대상은 우리말 속에 남아 있는 일본어의 찌꺼기, 지나치게 어려운 한자어, 무분별하게 들어온 외국어, 차별어 등 주로 어휘를 중심으로 이루어져 왔고, 최근에는 발음과 표기, 문장 바로 쓰기까지를 그 대상으로 삼고 있다. 그러나 아직도 우리의 언어생활 속에는 바람직하지 못한 말들이 걸러지지 않은 채 그대로 쓰이고 있을 뿐만 아니라 서양 외국어의 사용은 오히려 늘어만 가고 있다.

- 국립국어연구원, 『국어 순화 자료집』(1999)

다음 밑줄 친 단어의 순화어는 무엇일까?

- 오늘은 회사에서 좀 늦게 나왔더니 <u>러시아워</u>에 걸려 <u>행선지</u>까지 가는 데 꽤 많은 시간이 걸렸다.
- ○○초등학교 <u>학부형</u>들은 아파트 철거공사 현장에서 석면이 발견되자 공사 중단을 촉구하고 있다. "공사 현장이 학교와 4~5m 거리에 있어 학생들은 발암물질에 무방비로 노출될 수밖에 없다."고 주장했다.

최근 어느 국회의원의 비속어 표현이 부적절했다는 논란이 일자 바로 사과를 한 일이 있었다. 그러면서 다른 당 의원의 비슷한 잘못을 들기도 했다.

- 이 의원(A당): "차분하게 하는데 계속 중간에서 지금 <u>겐세이</u> 놓으신 거 아닙니까."
- 박 의원(B당): "피식피식 웃거나 뭐라고 소위 <u>겐지</u>를 놓는 그런 말씀을 여러 차례 하는 걸 제가 봤고요."

정치인들이 쓰는 말에 품격이 떨어진다는 비판이 계속되고 있다.

- 한 줄 생각: _____

마당 들어가기

1 국어의 순화

언어는 한 국가와 민족을 대표하는 문화 상징이며(만주족, 아이누족 그리고 아메리카 인디언의 사례에서 보듯 언어와 민족의 소멸이 무관하지 않다), 그 민족의 정신이다. 우리의 마음과 정신을 맑게 하듯 우리의 언어 또한 갈고 다듬어야 한다.

1. 국어 순화의 역사

생/각/하/기

고대 그리스인은 서양에서 최초로 자신들의 모국어를 정교하게 다듬은 민족이다. 이들은 처음에는 호메로스의 서사시를 통하여 하나의 민족이라는 의식을 형성해 갔고 나중에는 민주주의 체제 아래 활발한 토론 문화를 꽃피우면서 자신들의 모국어인 그리스어를 그 이전에는 어느 민족도 도달하지 못했던 정밀하고 심오한 수준에까지 끌어올렸다. 그 예로 서양 최초의 본격적인 철학 서적인 플라톤의 '대화편'은 한 번에 쓴 것이 아니라 여러 차례에 걸쳐 고친 것이다. 또 세계 최초의 산문이라 할 수 있는 헤로도토스의 '역사'라는 책도 수많은 교정을 보아 완성된 작품이다. 당시 그리스에는 오늘날과 같은 의미의 표준화 개념이 존재하지 않았기에 그리스어에는 표준어가 없었다. 그러나 알렉산드로스 대왕이 제국을 형성하면서 아테네 지방의 언어였던 아티카 방언을 중심으로 그리스어 표준어가 만들어졌다. 이를 흔히 코이네 (Koinē), 즉 '공통 언어'라 한다. 이 코이네는 기원전 4세기부터 기원 후 6세기까지 동부 지중해와 메소포타미아 지방에서 국제어로 널리 사용되었다. 이 시기의 중심이었던 알렉산드리아의 학자들은 표준 어휘를 선정하고 표준 문법을 만드는 등 서양 최초의 언어 표준화 작업을 활발히 전개했다.

로마 시대로 내려오면서 표준어에 대한 당시 문법학자의 작업은 더욱 활기를 띤다. 특히 라틴어가 모든 서유럽 국가의 유일한 공용어로 쓰이게 되면서 이를 각 나라 사람들에게 교육하기 위한 교재를 비롯한 문법서, 학습서들이 계속 출간되었다.

기원후 14세기 단테가 신곡을 자신이 살던 지방의 세속어로 쓰기 시작하면서 유럽 각국의 모국어로 학문과 문학을 하는 시대가 열렸다. 이 시기를 고비로 유럽은 중세를 벗어나 르네상스 시대로 접어들었다. 이에 따라 유럽 각국의 민족들은 민족의식을 갖게 되었다. 바로 이 시기에 유럽 각국은 그때까지 귀족과 지식인 계급의 공통어였던 라틴어를 버리고 자신들의 모국어로 문학 작품과 학술 논문을 쓰기 시작한다. 아울러 각국은 자국어의 맞춤법을 비롯한 표준말 제정과 사전 편찬을 시작했다. 무엇보다도 큰 변화는 사유의 학문인 철학을 자신들의 모국어로 하기 시작했다는 점이다. 철학을 자신의 모국어로 한다는 것은 인간이 살아가면서 부딪히는 모든 문제를 자신의 모국어로 탐구하기 시작했음을 알리는 신호였다. 의미심장한 사실은 자신들의 모국어로 철학을 하기 시작한 순서가 그대로 그 나라가 강국이 된 순서와 일치한다는 것이다. 언어가 사유와 탐구의 수단임을 생각한다면 모국어로 학문과 철학을 먼저 시작한 나라가 더 빨리 발전하여 강국이 되었다는 점은 별로 놀라운 일이 아니다.

17세기에 산업혁명이 일어나자 농촌의 많은 인구가 공장이 모여 있는 대도시로 이주했다. 전통적 방법에 따라 짓는 농사와 달리 공장과 사무실에서의 업무에는 기계 사용법이나 공고문을 읽을 수 있는 능력이 요구되었다. 이런 시대의 필요를 충족하기 위해 유럽 각국에서는 국민 교육이 시작되었다. 학교에 어린아이들을 모아 놓고 가르치는 학교 교육에서 가장 강조된 것은 모국어를 자유롭게 읽고 쓰는 능력이었다. 이에 따라 맞춤법과 표준어, 표준 문법의 제정이 이루어졌다. 바르고 좋은 글이 어떤 것이고, 옳지 않고 피해야 하는 표현들이 어떤 것인지를 가르치는 과정에서 언어 순화 문제가 처음으로 지식인들의 관심을 끌게 되었다.

그러나 언어 순화가 국가적 사업으로 자리 잡은 것은 뒤늦게 독립을 쟁취한 나라들에서였다. 19세기 초반을 고비로 그리스, 세르비아, 불가리아가 오스만 튀르크의 지배에서 벗어나면서 터키어의 잔재를 없애기 위해 대대적인 언어 순화 운동을 했다. 이와 같이 외국의 지배를 받다가 독립을 얻게 된 나라들에서는 거의 예외 없이 언어 순화 운동이 뒤를 이었다. 제2차 세계대전 이후 영국에서 독립한 인도에서는 자신들의 모국어에 들어와 있는 아랍어와 페르시아어 잔재를 청산하기 위해 산스크리트어를 바탕으로 대규모 차용과 신조어를 만들었다. 뒤늦게 독립한 나라들은 이런 모국어 순화 운동을 통해 민족정신을 일깨우고 국민적 화합을 도모하였다.

- 유재원, "국어 순화, 왜 그리고 어떻게 해야 하나", 『새국어생활』, 2005년 제15권 제1호, 13~15쪽.

<생각하기>는 서양의 언어 순화의 역사를 다루고 있다. 우리는 이 글을 통해 언어 순화의 기본 전제와 필요성을 확인할 수 있다.

> 모국어는 □□와 □□을 위한 수단이다.
> ↓
> 모국어가 바르고 옳지 않으면 □□□□을 일깨울 수 없고, 국민적 □□을 도모할 수 없다.
> ↓
> 모국어 □□ 운동은 개인적, 국가적으로 필요한 일이다.

우리말도 우리 민족의 의사소통 수단으로 오랜 시간을 거쳐 발전하였다. 그런데 우리말의 역사를 돌이켜보면 그 발전 과정이 순탄치만은 않았다. 한글 창제 이전에는 고유한 표기수단을 갖지 못하면서 문자 생활에 어려움을 겪었고, 한글 창제 이후에도 한문화 중심의 사회구조 속에서 우리말이 제대로 평가받지 못하였다. 여기에 서구 문물을 받아들이는 과정에서 일본어, 영어 등의 외국어가 들어왔고, 일본의 강점 시기에는 국어의 자리를 일본어에 넘겨줄 수밖에 없었다.

그러나 주시경, 김두봉, 최현배 등은 조선어학회를 중심으로 우리말과 글을 지키기 위해 노력하였다.

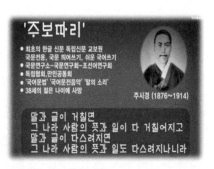

1945년 광복 이후, 정부에서는 일본어의 잔재를 없애기 위해 1960년대 한글학회(조선어학회의 후신)의 도움을 받아 대대적인 국어 순화 운동을 펼쳤다. 그 후, 문교부의 '국어심의회' 안에 '국어순화분과위원회'(1976년)를 신설하였고, 1984년 5월 학술원 내에 비공식 기구인 '국어연구소'를 설치하였다. 1991년 문화부(현 문화체육관광부) 소속의 '국립국어연구원'(국립국어원 명칭 변경, 2004)이 설립되면서 우리나라 언어 정책을 수립하고 집행할 국가 기구의 역할을 하게 되었다.

2. 국어 순화의 정의

국어 순화가 우리말에 들어온 일본어의 잔재를 제거하려는 목적에서 시작되었다고 하였다. 그러나 국어 순화의 대상이 이에만 한정되지 않는다. '순화'(醇化)의 사전적 정의(잡스러운 것을 걸러서 순수하게 한다)에 따르면 비어나 속어는 물론이고 외국어도 걸러야 할 대상이다. 최근에는 한글 맞춤법에 어긋나는 표현까지도 포함한다.

최용기(2004:221)는 "국어 순화는 국어 속에 있는 잡스러운 것을 없애고 순수성을 회복하는 것과 복잡한 것을 단순하게 하는 것으로 이해된다. 따라서 국어 순화는 잡스러운 것으로 알려진 들어온 말과 외국어를 가능한 한 고유어로 재정리한다는 것과 비속한 말을 고운 말로, 틀린 말을 바른말로 하자는 것이다. 또한 그것은 복잡한 것으로 알려진 어려운 말을 쉬운 말로 고치는 일도 포함한다. 한마디로 고운 말, 바른말, 쉬운 말을 가려 쓰는 것을 말한다."고 하였다.

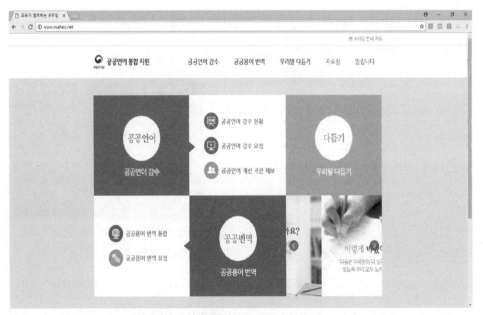

국립국어원 우리말다듬기: https://malteo.korean.go.kr/

읽기자료 9

외국어는 틀리면 안 돼, 근데 국어는 대충해도 …

- 김동환, 세계일보, 2016.08.27.

> '공부를 못하는 학생'과 '공부를 못 하는 학생' 중 맞는 문장은 뭘까? '한번 균열이 생기면 걷잡
> 을 수가 없다'와 '한 번 균열이 생기면 걷잡을 수가 없다' 중에는 뭐가 맞을까?
> 첫 번째 문장의 정답은 '못하는'이다. 여건이 되지 않아 공부를 할 수 없는 게 아니라 공부를
> '일정한 수준에 못 미치게' 하는 것이어서 합성어로 써야 하기 때문이다.
> 두 번째 문장의 정답은 '한번'이다. 해당 문장에서 '한번'은 '일단 한 차례'라는 뜻으로 보기 때
> 문이다. 비슷한 예로는 △ '한번은 이런 일이 있었다(지난 어느 때)' △ '언제 한번 놀러 와(기회 있
> 는 어떤 때)' △ '춤 한번 잘 춘다(강조)' 등이 있다.

세계일보가 26일 국립국어원으로부터 받은 '2015년 주요 질문 20선'에 따르면 '못하다/못 하다'
를 물어온 상담전화(1월 1일-10월 31일)는 296건(0.34%)이며, '한번/한 번'을 궁금해 한 전화는
266회(0.30%) 걸려왔다.

30대 직장인 A씨의 책상에는 외국어 교재가 가득하다. 그는 취업 준비를 위해 들여다봤던 토익책
이 아직도 있다고 했다.

A씨는 "솔직히 학창시절에 국어를 많이 신경 쓴 적은 없다"고 말했다. 결국 부작용이 발생했다.
친구와 채팅 애플리케이션으로 대화를 하던 중 '되'와 '돼'를 헷갈렸다가 한 소리 듣고 만 것이다.

A씨는 학창시절 국어시간을 떠올리면 갑갑했다. 그는 딱딱한 설명이 가득한 책을 펼칠 때마다
졸음이 쏟아졌다고 털어놨다. 부끄럽지만 사실이어서다. A씨는 "국어를 5교시에 배웠을 때가 가장
힘들었다"며 "주변 친구들도 꾸벅꾸벅 졸곤 했다"고 말했다.

국립국어원 김문오 연구관은 "외국어는 틀리면 안 되고 열심히 해야 한다고 생각하면서 국어는
조금 틀려도 괜찮고, 대충해도 된다고 생각하는 사람들이 있다"고 지적했다. 그러면서 "국어를 사랑
하는 자세가 절대로 아니다"라고 강조했다.

김 연구관은 "외국어 일색인 간판, 영어로 뒤덮인 가사 그리고 공공기관이 새로운 정책명과 사업
명 등을 선보일 때 이해하기 쉽게 지어야 함에도 그렇지 않은 경우를 볼 수 있다"고 덧붙였다.

'국어순화 = 순우리말로 바꾸는 일'이라고 착각하는 것과 관련해 김 연구관은 조언을 건넸다.

"국어순화는 어려운 말을 쉬운 말로 바꾸는 것이지, 순우리말로 바꾸는 것이 아닙니다. 가장 큰

비중을 차지하는 작업입니다. 법률용어 영역에서 국어순화는 정보 소통을 원활하게 하고, 격차를 줄일 수 있습니다."

김 연구관은 기사에 자주 등장하는 '징역형'도 언급했다.

"'징역 12월에 처한다'는 말은 '12개월에 처한다'는 말이 맞습니다. 어린이들이나 잘 모르시는 분들이 보면 단순한 '12월'로 생각하실 수도 있죠."

한편 김 연구관은 국립국어원이 대중에게 잘 알려지지 않은 점을 인정했다. 김 연구관은 "처음에는 국립국어연구원으로 출범했지만, 2011년부터 현재 명칭을 쓰고 있다"며 "우리말 관련 프로그램에 도움을 드리고 있으나, 많은 분들에게 더 알려지도록 노력해야 할 부분이 많다"고 말했다.

 낱/말/퀴/즈

※ 가로 낱말

②'우이동'의 옛 지명 ③사잇소리 현상이 나타났을 때 쓰는 'ㅅ'의 이름 ⑤마음과 마음으로 서로 뜻이 통함 ⑦한글로써 우리말을 표기하는 규칙의 전반을 이르는 말 ⑧외국에서 들어온 말로 아직 국어로 정착되지 않은 단어 ⑩국민의 올바른 언어생활을 계도할 목적으로 설립한 기구명 ⑫Gwanghwamun ⑭'교정하다'의 순화어 ⑯'더치페이'의 순화어

※ 세로 낱말

①'소매 없는 옷'의 순화어 ④남편의 누나나 여동생 ⑥한글 복원을 전제로 한 로마자 표기법 ⑦'큰 고개'라는 의미의 분당선 지하철역 ⑨태권도의 수련과 보급을 위한 상설 태권도 체육관 ⑩표준발음 [구꽈] ⑪Dongnimmun ⑬'어처구니없다'와 같은 말 ⑮라틴어를 적는 데 쓰이는 음소 문자 ⑰어떠한 뜻을 나타내기 위하여 쓰이는 부호, 문자, 표지 따위를 통틀어 이르는 말

198

읽기자료 10

외래어·외국어 넘치는 올림픽 중계방송 씁쓸

- 김명선, 조선일보, 2018.02.21.

설 연휴 친척들과 평창 동계올림픽 스켈레톤 경기 중계방송을 보았다. 아나운서와 해설위원이 외래어·외국어를 너무 많이 사용했다. '퍼펙트', '롤 모델', '어드밴티지', '슬립', '아이스 컨디션', '그린 라이트', '피니시', '레이스' 등이다. 스켈레톤은 외국서 시작한 운동이니 영어 사용이 어느 정도는 불가피하다. 그러나 우리말로 얼마든지 가능한 말들까지 영어를 사용하고 있었다. '완벽하다'의 '퍼펙트', '본보기'의 '롤 모델', '미끄러지다'의 '슬립' 같은 것이다.

방송의 영향력이 예전만 못하다고 해도 방송은 여전히 국민의 언어생활에 큰 영향을 미칠 수 있다. 방송통신심의위원회의 방송심의규정 제8절 52조가 "방송은 외국어를 사용하는 경우, 국어순화 차원에서 신중해야 한다"고 명시한 것도 이런 이유에서다. 그런데 이번 올림픽 방송은 영어 남용이 너무 심해 중계가 끝난 뒤 KBS, MBC, SBS 스켈레톤 중계의 영어 사용 빈도를 확인해봤다. 그 결과 기가 막혔다. 이대로 방치해도 괜찮을까 하는 걱정까지 들었다. 약 150분의 3·4차 시기 중계방송에서 SBS는 590번, MBC는 480번, KBS는 370번 정도 영어 단어를 사용했다. 1분에 2~4번꼴이다.

특히 '출발'과 '도착'이라는 엄연한 우리말이 있는데도 방송 3사 중계자들은 '스타트'를 368번, '피니시'를 60번 사용했다. '경주'나 '시합'이라고 하면 될 말도 175번 정도 '레이스'라고 했다. 또 '기록'이라고 해도 충분한데 50번이나 '레코드'라고 했다. 한 아나운서는 '인생 런'이란 말을 세 번이나 외쳐댔다.

공영방송이라는 MBC는 "외국어와 의미를 알 수 없는 은어·속어·비어 때문에 우리말이 오염되고 있어 안타깝다"며 '우리말 나들이'라는 프로그램을 21년째 방송하고 있다. 국가기간방송이라는 KBS는 아나운서실 산하에 한국어연구부와 한국어사업팀까지 있고, SBS 아나운서 중에는 국립국어원 우리말다듬기위원으로 위촉된 분도 있는 것으로 안다. 그러나 방송 스스로 이렇게 우리말을 지키려 하지 않는다면 다 무슨 소용인가.

2 국어 순화의 실제

두 편의 <읽기 자료>에서 우리의 국어에 대한 인식을 잠깐 엿볼 수 있었다. 이러한 인식의 결과는 주변 거리의 간판이나 각종 인쇄물 그리고 현대인의 언어생활에 고스란히 반영되어 있다.

1. 국어 순화의 방향

주시경 선생은 우리말과 글의 정리를 집안 청소에 비유하셨다. 집안이 정리되어 있지 않으면 정신이 어지러워지듯 우리말과 글이 더러워지면 국민정신이 해이해지고 나라의 힘이 약해진다고 보셨다.

우리말과 글을 다듬는 일은 당장 이루어지지 않는다. 정부는 끊임없이 국어 순화와 관련한 정책을 입안, 시행하고 각 분야 전문가의 도움을 받아 순화 용어집을 만드는 등의 노력을 해야 한다. 국민 개개인은 정부의 국어 순화 운동에 관심을 갖고 올바른 언어생활을 하도록 노력해야 한다.

국어 순화가 무조건적인 순우리말 교체를 의미하지는 않는다. 특히, 우리 어휘에서의 한자어 비율을 생각한다면 이를 고유어로 바꾸는 일이 쉽지만은 않다. 따라서 한자어의 순화 방향은 우리말로 바꾸는 경우와 좀 더 쉬운 한자어로 바꾸는 두 가지 방안이 있을 수 있다.

❶	• 오ㅇ환, 주루 도중 발목 통증 호소…<u>익일</u> 검진 • 가상화폐는 60대가 '큰손'…1000만원 이상 고액투자도 많아 주의 <u>요망</u>
❷	• 부족한 소방인력…1인 <u>관할</u>(管轄) 면적 편차도 최대 68배 • 도는 산불 피해에 대응하기 위해 도청 영상회의실에서 '2018년 산불방지 <u>유관</u>(有關)기관 협의회'를 개최했다.

한자어 '익일'(翌日)은 '다음 날' 또는 '이튿날'로, '요망'(要望)은 '바람'으로 바꿀 수 있다. 한편, 한자어 '관할'과 '유관'은 쉬운 한자어 '담당'과 '관계'로 바꿀 수 있다.

2. 국어 순화의 모습

국립국어원에서는 2004년 7월 12일부터 2017년 11월 29일까지 순화 대상어 375개를 다듬었다. 신문, 방송, 인터넷에서 찾을 수 있는 이들 순화 대상어를 어떻게 순화했을지 짐작해보고, 일상 언어생활에서 순화어를 적극적으로 활용해 보자.

❶	• 미국의 트럼프 대통령은 러시아 게이트 *gate*, 일본의 아베 수상은 모리모토 게이트 *gate*로 곤경에 빠졌다.　- ☐☐☐☐ • 2018 지방 선거를 앞두고 후보자들이 메니페스토 *manifesto* 선거운동 서약을 하고 있다.　- ☐☐☐ • 오픈 프라이머리 *open primary*는 투표자가 자기의 소속 정당을 밝히지 않고 투표할 수 있는 예비 선거이다.　- ☐☐ ☐☐(☐)
❷	• 항공사 마일리지 *mileage*로 해당 항공사 및 제휴 항공사에서 항공권을 발급받을 수 있다.　- ☐☐☐☐☐ • 자연과 소비자의 합성어, 그린슈머 *greensumer*는 친환경이나 유기농 제품을 선호하는 사람을 뜻한다.　- ☐☐ ☐☐☐ • 최근 공정거래위원회가 대형기획사의 고가 아이돌 굿즈 *goods* 제재에 착수하였다.　- ☐ ☐☐
❸	• 효과적인 말하기와 글쓰기를 위해 마인드맵 *mindmap*으로 논리구조를 잘 만들어야 한다.　- ☐☐☐☐ • 음성인식 인공지능 내비게이션 *navigation*이 개발되어 출시되었다.　- ☐ ☐☐☐ • 성공적인 프레젠테이션 *presentation*은 유창한 말솜씨보다 청중의 마음을 움직이는 것이다.　- ☐☐☐☐☐☐
❹	• 그는 집에서 손쉽게 만들 수 있는 고추장찌개 레시피 *recipe*를 공개해 시청자들의 눈길을 사로잡았다.　- ☐☐☐ • '냉장고를 부탁해'에서 그는 대나무에 요리를 플레이팅 *plating*하였다.　- ☐☐☐ • 부부는 자녀의 생일에 초콜릿 휘핑 *whipping*이 어우러져 부드럽고 달콤한 케이크를 만들었다.　- ☐☐☐☐

⑤
- 물기가 있는 마트 무빙워크 *moving walk*에서 미끄러져 다쳤다면 마트 측도 치료비 일부를 지급해야 한다. - □□□
- 지하철 스크린도어 *screen door* 관리와 유사시 현장에서 시민을 안내하고 통제할 전문 인력이 필요하다. - □□□
- 뷰파인더 *viewfinder*는 촬영자가 사진의 구도를 잡고 초점을 맞추기 위한 카메라의 장치이다. - □□□

⑥
- 개인정보 유출 관련 피해자가 300만 명 넘을 수 있다는 보도에 네티즌 *netizen* 비판이 이어지고 있다. - □□□
- 기업 채용이 블라인드 *blind* 방식으로 바뀌고 있다. - (□□)□□
- 대전 동부서에서 보이스피싱 *voice Phishing* 예방한 우체국 직원에게 감사장을 전달하였다. - □□ □□

⑦
- 아웃도어 인스트럭터 *outdoor instructor*는 안전하게 야외활동을 즐기도록 도와주는 레저 활동 지도사이다. - □□□□ □□□
- 주유소 고객을 위한 찾아가는 바리스타 *barista* - □□ □□□
- 센터에서는 직업교육 프로그램으로 네일 아티스트 *nail artist* 과정의 수강생을 모집하고 있다. - □□□□□

⑧
- 오전 MBC에서 열린 드라마 제작발표회에 출연배우 김○현이 여성스런 드레스 코드 *dress code*를 선보였다. - □□□□□
- 한○주, 인형 미모로 '남심 올킬' *all kill* - □□□
- 송○효, '안경 선배' 김○정 선수로 변신 '싱크로율' *synchro率* 대박 - □□□

⑨
- 이천 도자기 축제에는 가수들의 버스킹 *busking* 공연, 도자 체험 등 볼거리와 즐길 거리가 풍부하다. - □□□□
- 2018 세계선수권 대회 마지막 날에 열린 갈라쇼 *gala show* - □□□□□
- 삼○과 한○화가 어제 경기에서 벌인 벤치 클리어링 *benchclearing*에 대해 화해를 했다. - □□□, □□ □□□, □□□ □□□

⑩
- 노키즈존 *no kids zone*은 영유아와 어린이의 출입을 원천 봉쇄하는 업소를 가리키는 신조어다. - □□□ □□(□□)
- 지역마다 사람들이 많이 찾는 곳이 있다. 우리 동네 핫 플레이스 *hot place*는 어디? - □□□, □□□□
- 드론 *drone*에 대한 관심이 생겨 다이 *diy*에 도전하고자 물품을 주문하였다. - □□□, □□□□

○
- 대학가 미투, 대자보 폭로에서 포스트잇 *Post-it* 세례를 통해 가해자에게 항의를 이어가고 있다. - □□□□
- 신입 사원을 위한 봄 패션 잇 아이템 *it-item* 제안 - □□□□
- ㈜ 라인○○○는 창립 이래 꾸준히 형광펜, 매직펜, 보드마커 *board marker* 등 필기구류만을 생산하고 있다. - □□□

- KBS2 '불후의 ○○-조용필 50주년 기획 3부작'에 김○서, 김○호, 박○현 등 총 16팀의 라인업 *line up* 뜬다. - □□□
- 특급 카메오 *cameo* 공○진, 어떻게 출연했나? - □□□□(□)
- 외출을 위해 거울을 볼 때, 눈 밑 다크서클 *dark circle* 때문에 인상을 찌푸리는 사람들이 있다. - □□□

- 한국관광공사 선정 국내여행지 100선, 서울의 랜드마크 *landmark* 남산 N서울타워이다. - □□□, □□□
- 내 집 가꾸기 열풍! 홈퍼니싱 *home furnishing* - □ □□□
- 멀티탭 *multi-tap*은 4~5개 스위치를 전부 켠 채 오래 두면 과열될 위험이 있으니 사용 중인 멀티탭 *multi-tap*만 켜자. - □□□□

- 러닝 게런티 *running guarantee* 계약은 중소형 제작사들이 스타급 배우들을 기용할 때 이용하는 계약 방식이다. - □□ □□
- 최근 예능 방송계에서는 리얼 버라이어티 *real variety*가 지고, '관찰' 예능이 뜬다. - □□ □□
- 오늘 개봉한 ○○○은 흥행 돌풍을 이어가고 있는 □□□□□를 꺾고 박스 오피스 *box office* 1위에 등극하였다. - □□□□

3. 국어 순화의 참여

 참/여/하/기

다음은 국립국어원 '우리말 다듬기'의 공모안이다. 해당 분기의 순화어 공모에 참여해 보자.
https://malteo.korean.go.kr/revise/reviseExhibitionView.do?menuCd=C200

'오너 리스크(owner risk)'를 대신할 우리말을 찾아 주세요!

(보기 1) 공정거래위원장이 27일 프랜차이즈 가맹 본부의 오너 리스크에 따른 점주 배상 문제는 법 개정 사안이라는 입장을 밝혔다.
(보기 2) 그러나 점차 커져가는 오너 리스크에 오너가(家) 대신 검증된 전문 경영인을 택하는 업체들이 속속 늘어나고 있다.

오너 리스크는 강력한 카리스마를 갖고 있는 오너(총수)의 독단 경영이 인수·합병(M&A)을 포함한 기업의 경영 활동에 부정적인 영향을 주는 것을 말합니다.
오너 리스크를 대신할 우리말로는 어떤 것이 좋을까요? 더 알기 쉽고 부르기 쉬운 우

203

리말을 제안해 주십시오.

▲ 제안어 공모 기간: 2017년 12월 26일부터 2018년 2월 14일까지
▲ 오너 리스크의 최종 다듬은 말 발표일: 2018년 ○월(예정)
▲ 다음번 다듬을 말 발표일: 2018년 ○월(예정)
* 주의: 제안어는 반드시 '제안어 칸'에 입력을 해 주서야 정상적으로 등록됩니다.

 ## 3 고유어의 멋

다른 것과 구별하기 위해 사물, 단체, 현상 따위에 붙어서 부르는 말이 '이름'이다. 사람의 이름이 있듯이 지역, 사물도 이름이 존재한다. 문득 '김진호'(金鎭浩)와 '○빛이라', '양수리'(兩水里)와 '두물머리', '세상'(世上)과 '누리'가 떠오른다.

한자어가 유입되기 전, 우리에게는 고유한 이름이 있었다. 최근 부르기 편하고 뜻있는 고유어(한글) 이름을 가진 이들을 쉽게 볼 수 있다. '빛이라'는 고유어 이름에 친근함이 느껴지기도 한다. 지명어도 마찬가지이다. '양수리'의 한자를 모르면 그 의미를 알기 어렵다. 그러나 '두물머리'의 고유어는 의미 파악도 쉬울 뿐더러 정감이 넘친다(두물-머리: 두물(북한강과 남한강)+머리(시작, 처음)의 뜻이다). '온누리 ○○', '늘푸른 ○○'의 명칭 또한 그러하다.

그렇다면 지금 사용하는 한자어 지명의 옛 형태는 무엇이었을까? 과거 우리 선조들이

살았던 지역을 어떻게 불렀으며, 오늘날 한자어 지명과 무슨 관계가 있을까? 국어 순화 운동과 연관 지어 우리 옛 지명의 유래와 의미에 대해 알아보자.

1. 도시명의 어원

서울: 한양(漢陽), 경성(京城)

'서울'의 어원은 신라의 옛 지명 '서라벌(徐羅伐), 서벌(徐伐)'과 관련지어 설명하는 것이 일반적이다.

- 어원(1)
  새벌(동쪽 들판) > 서라벌, 서벌 등 > 싀볼(東京, 처용가) > 셔볼 > 셔울 > 서울
- 어원(2)
  서: '수리, 솔, 소'(높다, 신령스럽다)의 음과 유사하다. = 경(京:크다)
  울: '벌, 부리'(벌판, 큰 마을, 큰 도시)의 변이음과 유사하다.
    (백제 부여의 옛 지명: 소부리(所夫里), 부리=읍(邑))

고마나루: 웅진(熊津) > 공주(公州)

오늘날 '공주'는 백제의 두 번째 수도로, '웅진'으로 불렸다. 그리고 '웅진' 이전의 옛 지명은 '고마나루'였다.

- 대응 관계
  고마(곰)=웅(熊) / 나루=진(津)
- 고마(곰)의 어원
  감(神) > 감, 검, 곰, 금

물골: 수원(水原)

　오늘날 '수원'의 지명은 고구려어 '매홀'(買忽)과 관련 있다. 그 후, '매홀(買忽)' > '수성'(水城), '수주'(水州) > '수원'(水原)으로 변천하였다.

- 대응 관계(1)
  (1) 매(買)=수(水) / 홀(忽)=성(城)
  (2) 고구려어 매(買)=물(水), 홀(忽)=고을(城)
- 대응 관계(2)
  물=買=水, 골=忽=城=原

예제1 ▌ 다음 설명을 읽고, 대전(大田):'한밭'의 대응 관계를 설명해 보자.

　'한'의 어원은 '크다·넓다·높다·많다·뭇'의 뜻과, 수의 기본수인 하나에서 나온 '한', '한가운데·한겨울'이라는 말에서처럼 중앙·중심이라는 뜻이다.

-『한국민족문화대백과』

2. 행정명의 어원

무너미: 수유리(水踰里)

　서울(강북)의 '수유리'는 '무너미'와 대응 관계를 이룬다. 한자어 '水'와 고유어 '물', '踰'와 '넘치다'가 대응한다(물너미>무너미).

예제2 ▌ 다음 '아현'(阿峴):'애오개'의 대응 관계를 설명해 보자.

> 소귓골: 우이동(牛耳洞)

'탄천'(炭川)은 용인시에서 발원하여 송파구와 강남구를 거쳐 한강으로 흘러드는 하천명이다. '탄천'의 옛 지명은 무엇이었을까? 한자어 '炭'의 뜻과 음은 '숯 탄'이며, '川'은 '내 천'이다. 따라서 이를 '□□'라 하였다.

예제3 ▌ 다음 설명과 풀이를 보고 '학탄'의 현재 지명어에 대해 알아보자.

- '학탄'(鶴灘)
- 鶴: 학 학, 灘: 여울(물가) 탄
  ↪ 학탄 : □□□

> 삼개나루: 마포(麻浦) / □□: 율동(栗洞)

오늘날의 '마포'(서울)와 '율동'(성남)의 옛 지명을 알아보자. 과거 어떤 우리말이었기에 현재의 '麻浦'와 '栗洞'으로 표기하였을까? 한자어 '마포'는 '삼, 마'와 '개, 포'의 뜻과 음을 지니고 있다. 그리고 '율동'은 '밤, 율'과 '마을, 동'의 구성이다('마을'과 '실', '골'은 동의어이다).

예제4 ▌ 다음 설명과 풀이를 보고 각각의 옛 지명을 찾아보자.

- '풍납'(서울, 風納): 바람 풍, 들일 납 > □□□□(*들=벌, 평야)
- '금곡'(성남, 金谷): 쇠 금, 골(골짜기) 곡 > □□
- '원천'(수원, 遠川): 멀 원, 내 천 > 먼내, 머내

3. 지하철명 및 기타의 어원

한티: 대치(大峙)

지하철 분당선의 '한티'역은 고유어 명칭이다. '한티'의 의미는 한자어 '대치'(大峙)와의 관계 속에서 파악할 수 있다. '한'='大'와 '티'='峙'의 대응에서 '큰 고개(언덕)'의 의미임을 알 수 있다(한자어 '峙'는 '고개, 언덕'의 의미로 쓰인다).

□□: 개포(開浦)

서울지명사전(2009)에 따르면, '개포동'은 이 마을에 있던 갯벌을 '개펄'이라고 부르다가 이것이 변하여 '개패' 또는 한자명으로 '개포(開浦)'로 불렸던 데서 유래하였다.

'아우라지'(정선)와 '아우내'(천안)

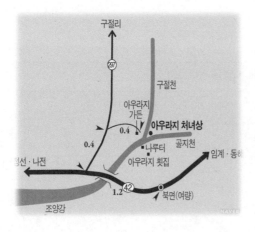

'아우라지'와 '아우내'는 우리말 '아우르다'와 관계가 있다. '아우르다'는 '여럿을 모아 한 덩어리나 한 판이 되게 하다'는 뜻이다. 다시 '아우르다'는 '아올다'(아울다)로 소급된다.

국어사전에 '아우라지'를 '합수(合水)목'(두 갈래 이상의 물이 한데 모이는 물목)으로 풀이하고 있다. '물목'은 '물이 흘러

208

들어오거나 나가는 어귀'라는 뜻이다. 지형적으로 이곳은 골지천(骨只川)과 송천(松川)이 한데 만나는 곳이다. 이 말은 '아울+지>아울+아+지>아우라지'로 변하였다.

'아우내' 또는 '아우내-장터'는 충청남도 천안시 병천면에 있는 장터의 지명이다. 유관순 열사가 태어난 곳으로 3·1 운동과 연관이 있다. '아우내' 역시 '아우르다'의 '아울'에 '내'가 결합한 것으로 한자어 '병천'(併川)과 대응하고 있다. '併'은 '아우르다', '川'은 '내'의 의미이다.

예제5 ▌ 다음 한자어 '판교'(板橋)의 뜻풀이로 그 옛 지명에 대해 알아보자.

	뜻	음
板		판
橋		교

└ 마당 나오기

◉ 한 민족의 언어는 민족정신이 반영되어 있는 거울로, 잘 가꾸고 다듬어야 한다.

◉ 국어 순화는 잡스러운 것으로 알려진 들어온 말과 외국어를 가능한 한 고유어로 재정리하고, 비속한 말을 고운 말로, 틀린 말을 바른말로 바꾸는 것이다.

◉ 우리의 고유 지명어는 한자가 들어오기 이전부터 불려진 것으로 부르기 쉽고 의미 있는 정감어린 말이다.

> **1.** <참여하기> 활동(203쪽)에서 자신이 제안한 순화어는 무엇이며, 그렇게 제안한 이유는 무엇인가?

> **2.** 지하철역명의 고유어를 찾아보고, 각각의 어원에 대해 조사해 보자.

[여섯째 마당]

언어의 예절

마당 열기

    TV를 보다 보면 적지 않은 수의 연예인들이
"제 부인과 처음 만났을 때"와 같이 "제 부인은 집에 있습니다."와 같이 자신의 아내를
가리켜 '부인'이라고 하는 경우를 볼 수 있습니다.
    그러나 '부인'은 남의 아내를 높여 이르는 말이므로 자신과 혼인한 사람을 가리키는 말
로는 맞지 않지요.
    이럴 땐, "제 아내는 집에 있습니다.", "제 아내와 처음 만났을 때"와 같이 말하는 것
이 바람직합니다.
    간혹 아내를 가리켜 '와이프'나 '마누라'라고 하시는 분들도 계신데요.
    '와이프'는 외국어에 가까운 표현이므로 사용하지 않는 것이 바람직하며 '마누라'는 아
내를 낮추어 부르는 말이므로 이 역시 적절하지 않습니다.
    그러면 '부인'이라는 표현은 언제 쓸 수 있는 것일까요?
    "부인은 안녕하시지요?", "저분이 부장님 부인이십니다."와 같이 남의 아내를 높여 부를
때 사용할 수 있습니다.

- 국립국어원, '언어 사용 설명서-YTN 라디오 수도권 투데이', 2014.10.28.

- ■정○돈(국제금융센터 원장): '통·통·통'(국운대통, 만사형통, 의사소통의 줄임)
- ■조○제(금융연수원 원장): '세계로 미래로'(포화상태인 국내시장을 떠나 해외로 나가
    자는 의미)
- ■신○환(한국금융연구원 원장): '위하여'
- ■민○기(한국신용정보원 원장): '신·정·원'(설립한지 2년하고 1개월 남짓 지난 신생
    기관 + 설립초기 고생 많이 했지만 지금은 어느 정도 안정 + 신년에도 정성을 다해
    원하는 일을 꼭 하겠다)

- 안준형, "세계로 미래로"-건배사로 본 '금융 2018', 『비즈니스워치』, 2018.02.06.

● 한 줄 생각: _____

마당 들어가기

1 호칭어와 지칭어

호칭어는 부르는 말, 지칭어는 가리키는 말이다. 일상생활에서 사람들이 자기의 아내를 '부인', '마누라', '와이프'라고 잘못 호칭하거나 지칭하는 경우를 자주 접한다. 전통적인 사회 구조의 변화에 따라 언어생활 또한 달라지면서 호칭어와 지칭어의 사용에 어려움을 겪는 젊은 세대가 늘고 있다. 최근 가정이나 사회, 직장에서 다른 사람을 부르거나 가리켜야 할 경우가 많기에 이의 사용에 주의해야 한다.

1. 가족 간의 호칭, 지칭어(1): '남편'의 입장

❶ 아내를 어떻게 부르고 가리킬 것인가?

> "자기(야), 오늘 저녁은 뭐야?"
> "아버지/어머니, 집사람과 의논한 후 말씀드릴게요."

예문에서 남편은 아내를 '자기'라고 호칭하고, 친부모에게는 '집사람'으로 지칭하고 있다. 결혼하기 전 편하게 불렀던 '자기'를 결혼해서도 사용하는 것은 올바르지 않다. 그러나 아내를 지칭하는 '집사람'은 '안사람' 등과 같이 친부모에게 사용할 수 있다.

아내에 대한 일반적인 호칭어는 연령에 관계없이 '여보'이다. 다만 다음과 같이 시기와 상황에 따라 다양하게 나타난다.

213

- 신혼 초: 'OO 씨', '여봐요'
- 자녀가 있는 경우: 'OO 어머니', 'OO 엄마'
- 장·노년기: '임자', 'OO 어머니', 'OO 엄마', 'OO 할머니'

아내와 함께한 자리에서의 일반적인 지칭어는 '당신'이다. 이와 함께 신혼 초에는 'O
O 씨', 장·노년기에는 '임자'로 지칭할 수 있다. 이밖에 아내를 지칭하는 말은 대화 상
대자에 따라 다양하게 나타난다.

- 친부모 앞: '어미, 어멈, OO 어미, OO 어멈, 그(이, 저) 사람'(부모 앞에서는 아내
  를 낮추어 말해야 하므로 'OO 엄마'는 쓸 수 없다.)
- 장인·장모 앞: 'OO 어미(어멈, 엄마), 집사람, 안사람, 그 사람'(장인·장모에게는
  딸을 낮출 필요가 없어서 'OO 엄마'를 쓸 수 있다.)
- 형제, 자매, 형수, 제수, 매부 앞: 'OO 엄마, 집사람, 안사람, 처'(손아래인 남동생과
  누이동생에게는 각기 동생의 처지에서 '형수'와 '언니', '새언니'라 한다.)
- 타인 앞: '집사람, 안사람, 아내, 처'('마누라'는 아내를 비하하는 느낌을 주므로 삼가야
  하고, '와이프'는 외국어로서 사용해서는 안 된다.)

❷ 형과 남동생의 아내 / 누나와 여동생의 남편을 어떻게 부르고 가리킬 것인가?

> "아주머님/아주머니, 형/형님 어디 가셨어요?"
> "계수씨, 아우/동생은 어디 갔나요?"

예문에서 형의 아내는 '아주머님'과 '아주머니'로, 남동생의 아내는 '계수씨'(季嫂氏)
라 부른다. 이외 '형수님'과 '제수씨'도 가능하다. 이들 지칭어는 다음과 같다.

- 친부모 앞: '형수, 아주머니'　　　　　'제수(씨), 계수(씨)'
- 당사자 앞: '형수님, 아주머님'　　　　'제수(씨), 계수(씨)'
- 자녀 앞: '큰어머니'　　　　　　　　'작은어머니, 숙모'
- 타인 앞: '아주머님, 아주머니'　　　　'제수(씨), 계수(씨)'

누나의 남편에 대해서는 '매부(妹夫), 매형(妹兄), 자형(姊兄)'으로 부르고, 여동생의 남편은 성에 '서방'을 결합한 'ㅇ 서방'이라 부른다. 둘 모두 자녀 앞에서는 '고모부(님)'로 지칭한다.

❸ 처부모를 어떻게 부르고 가리킬 것인가?

> "아버지/어머니, 저희 왔습니다."
> "아버지/어머니, 장인(어른)이 식사 한번 하시재요."

예문에서 아내의 부모를 '아버지/어머니'라 호칭하는 것은 잘못이지만, '장인' 또는 '장인어른'은 바른 표현이다. '아버지(님)/어머니(님)'은 자신을 낳아 준 부모 외에는 쓸 수 없기 때문이다. 다만, 최근의 언어현실을 반영하여 처부모를 '아버님/어머님'으로 부르고 지칭할 수 있다(그러나 '아버지/어머니'는 사용할 수 없다).

- 아내 앞: '장인, 장인어른, 아버님 / 장모, 장모님, 어머님'
- 친부모 앞: '장인, 장모'(처부모의 나이가 친부모보다 훨씬 많을 때는 '장인어른, 장모님, ㅇㅇ 외할아버지, ㅇㅇ 외할머니' / 친가 식구에게 처부모를 '아버님, 어머님'이라고 해서는 안 된다.)
- 아내의 동기와 배우자 앞: '장인어른, 장모님, 아버님, 어머님'
- 타인 앞: '장인, 장인어른, 장모, 장모님'

2. 가족 간의 호칭, 지칭어(2): '아내'의 입장

❶ 남편을 어떻게 부르고 가리킬 것인가?

> "아빠, 커피 한 잔 타 줘요."
> "아버님, 오늘 오빠가 많이 늦는데요."

예문에서 아내는 남편을 '아빠'라 부르고, 시부모에게 '오빠'라 지칭하고 있다. '아빠'는 '격식을 갖추지 않아도 되는 상황에서, '아버지'를 이르거나 부르는 말'로 남편의 호칭어나 지칭어로 사용할 수 없다. 한편, '오빠'는 '같은 부모에게서 태어난 사이이거나 일가친척 가운데 항렬이 같은 손위 남자 형제를 여동생이 이르거나 부르는 말' 또는 '남남끼리에서 나이 어린 여자가 손위 남자를 정답게 이르거나 부르는 말'로 이 역시 남편의 호칭어와 지칭어로 사용할 수 없다.

남편에 대한 일반적인 호칭어는 연령에 관계없이 '여보'이다. 다만 다음과 같이 시기와 상황에 따른 다양하게 부를 수 있다.

- 신혼 초: '여보', '○○ 씨', '여봐요'('자기'는 사용할 수 없다.)
- 자녀가 있는 경우: '여보', '○○ 아버지', '○○ 아빠'
- 장·노년기: '여보', '영감', '○○ 아버지', '○○ 할아버지'

남편과 함께한 자리에서의 일반적인 지칭어는 '당신'이다. 이와 함께 신혼 초에는 '○○ 씨', 장·노년기에는 '영감'으로 지칭할 수 있다. 이밖에 남편을 지칭하는 말은 대화 상대자에 따라 다양하게 나타난다.

- 시부모 앞: '아비, 아범' / (신혼 초) '그이(저이, 이이)'
- 친정 부모 앞: '○ 서방, 그 사람'
- 남편의 형제 앞: '동생'(시아주버니, 손위 시누이 앞), '형(님)'(시동생 앞), '오빠'(손아래 시누이 앞), '그이, ○○ 아버지, ○○ 아빠'(동서, 시누이 남편 앞)
- 자신의 친구 앞: '그이, 우리 남편, 애 아버지, 애 아빠'('우리 사장, 우리 선생, 우리 부장' 등 남편을 높이지 않는다.)
- 남편의 친구 앞: '그이, 애 아버지, 바깥양반, 바깥사람'

❷ 남편의 동기와 아내를 어떻게 부르고 가리킬 것인가?

> "아주버님, 동생 등산 갔어요."
> "형님, 그이 지금 집에 없는데요."

아내는 남편의 형을 '아주버님'으로 호칭하고, 형의 아내는 '형님'으로 호칭해야 한다. 그리고 남편의 형과 형의 아내에 대한 지칭어는 다음 상황에 따라 다양하게 쓰인다.

- 시댁 사람 앞: '아주버님'   '형님'
- 친정 사람 앞: '시아주버니, ○○ 큰아버지'   '큰동서, ○○ 큰어머니'
- 자녀 앞: '큰아버지(님)'   '큰어머니(님)'
- 타인 앞: '시아주버니, ○○ 큰아버지'   '큰동서, ○○ 큰어머니'

> "서방님, 형님 아버님 댁에 가셨어요"
> "동서, 이번 다가오는 주말에 제사 있어."

남편의 남동생은 '서방님'(결혼 전에는 '도련님')으로 부르고, 그 아내는 '동서'라 한다('여보게'나 '○○ 엄마'로 호칭하지 않는다).

남편의 누나와 여동생은 '시누이'라 부른다. 다만, 남편의 여동생이 결혼 전이면 '아가씨', 결혼 후이면 '아가씨, 아기씨'라 부를 수 있다.

손위 시누이 남편은 '아주버님, 서방님'이라 부르고, 손아래 시누이 남편은 '서방님'으로만 호칭한다. 이때, 자녀의 입장에서 '고모부'라 불러서는 안 된다.

❸ 시부모를 어떻게 부르고 가리킬 것인가?

> "아버님, 저희 왔습니다."
> "어머님/어머니, 식사 하세요."

여성의 입장에서 시아버지를 부르는 말은 '아버님'뿐이다. 그러나 시어머니는 '어머님'과 '어머니'로 부를 수 있다. 시아버지보다 시어머니는 친근한 대상이고, 같은 공간에서 함께 일하고 대화하는 시간이 많다는 이유에서이다.

시부모 앞에서 시아버지와 시어머니를 가리키는 말은 호칭어와 동일하다. 다만 그 외에는 대화 상대자에 따라 여러 형태로 나타난다.

- 시조부모 앞: '아버지(님)'　　　　　'어머니(님)'
- 남편 앞: '아버님'　　　　　　　　'어머니(님)'
- 자녀 앞: '할아버지(님)'　　　　　'할머니(님)'
- 타인 앞: '(시)아버님, ○○ 할아버지(님)' '(시)어머님, ○○ 할머니(님)'

3. 가족 간의 호칭, 지칭어(3): '부모'의 입장

❶ 아들과 며느리를 어떻게 부르고 가리킬 것인가?

> "○○ 아비, 오늘 출근하니?"
> "아가, 이번 주말에 일 있니?"

부모가 아들을 부를 때에는 결혼 전과 후가 다르다. 결혼 전에는 '철수'처럼 이름을 부르지만 결혼 후에는 '(○○) 아비(아범)' 혹은 '○○(이름)'으로 부른다. 그리고 아들의 직장에 전화를 걸었을 때에는 다음과 같이 지칭해야 한다.

- 전화 받은 사람을 잘 모를 때: 김철수 씨
　　　　　　　　　　　　　김(철수) 과장
- 전화 받은 사람이 아랫사람일 때: 김(철수) 과장님

며느리를 부를 때에는 예문에 제시한 '아가'를 포함하여, '새 아가, (○○) 어미(어멈)'를 사용할 수 있다.

218

❷ 딸과 사위를 어떻게 부르고 가리킬 것인가?

> "○○ 어미, 나 좀 보자."
> "○ 서방, 자네 나 좀 보세."

부모가 결혼 전의 딸은 '영미'처럼 이름을 부르지만, 딸의 결혼 후에는 '○○ 어미(어멈), ○○(이름)'으로 부른다. 사위를 부를 때에는 '○ 서방'이나 '여보게'를 사용하고, 사위를 가리킬 때에는 '○ 서방', '자네'로 지칭한다.

❸ 자녀 배우자의 부모를 어떻게 부를 것인가?

> "사돈어른/사돈, 언제 술이나 한 잔 하시죠."
> "사부인/사돈, 시간 나실 때 차나 한 잔 하시죠."

자녀 배우자의 부모를 부르거나 가리키는 말은 '사돈어른, 사돈'과 '사부인, 사돈'이다. 전자는 남성끼리 사용하는 말이고, 후자는 여성끼리 사용하는 말이다.

밭사돈이 안사돈을 부를 때에는 '사부인'을, 안사돈이 밭사돈을 부를 때에는 '사돈어른'을 사용한다.

> "사장어른, 먼 길 살펴 가십시오."
> "사돈총각(처녀), 다음에 또 봐요."

예문의 '사장 어른'은 자녀 배우자의 조부모를 부르는 말로 성별에 관계없이 사용한다. 또한 동기 배우자(형수, 매부, 올케 등)의 부모도 남녀 구분 없이 '사장 어른'이라 부를 수 있다.

자녀 배우자의 동기와 조카, 동기 배우자의 조카와 같이 아래 항렬은 말하는 사람의 성별과 관계없이 상대방의 성별에 따라 부르는 말과 가리키는 말이 다르다.

- 아래 항렬의 남자: 사돈, 사돈도령, 사돈총각
- 아래 항렬의 여자: 사돈, 사돈처녀, 사돈아가씨

4. 직장에서의 호칭, 지칭어 / 주의해야 할 호칭, 지칭어

> "김 과장님, 커피 한 잔 드세요."
> "김○○ 과장님, 먼저 가 보겠습니다."

직장에서 상사를 호칭할 때는 '김 과장님'처럼 성에 직함과 '님'을 붙인다. 또는 전체 이름에 직함을 붙여 '김○○ 과장님'으로 부를 수도 있다. 그밖에 직함의 유무와 나이, 성별, 관계에 따라 호칭이 달라진다.

- 직함이 있는 상사: '과장님', '총무부장님'
- 직함이 있는 동료: '○ 과장', '○○○ 씨'(같은 직급인데 나이가 많은 경우 '○과장님/○부장님'으로 호칭한다.)
- 직함이 없는 동료: '○○ 씨', '○○○ 씨'
- 직함이 없는 선배, 나이 많은 동료: '선배님', '선생님' / '○(○○) 선배님'(선생님)
- 50 이상의 여 직장 동료: '○ 여사', '○○○ 여사'

> 종업원: "아버님, 무엇을 찾으세요?"
> 노손님: "언니, 여기 물 좀 줘요."

식당이나 백화점 등에서 자주 접하는 종업원과 노손님 사이의 호칭이다. 상대를 예우한다는 마음은 이해하지만 '아버님'과 '언니'는 올바른 호칭이 아니다. 종업원은 '손님'

을, 손님은 '아저씨, 젊은이, 총각, 아주머니, 아가씨' 등을 사용할 수 있다.

한편, 선생님의 남편과 부인을 부르는 말은 '사부(師夫)님'과 '사모(師母)님'이다. '사부(師父)님'은 '가르침이 깊은 은혜를 입은 스승을 높이어 일컫는 말'로 여선생님의 남편을 부르는 말로 적절하지 않다.

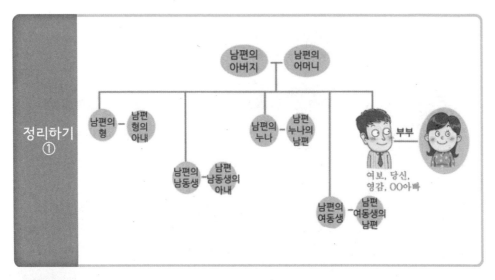

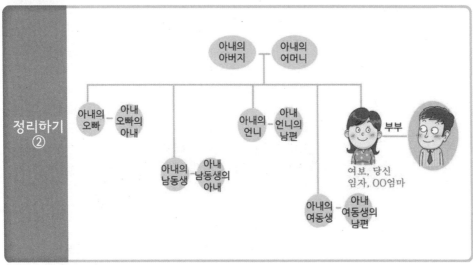

읽기자료 11

아내는 '도련님', 남편은 '처남'.. 언어 속 성차별

- 구자윤, 파이낸셜 뉴스, 2017.10.15.

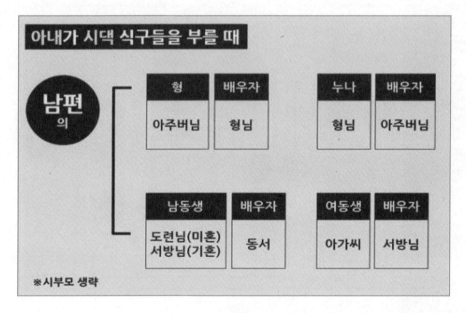

아내가 남편 집안 식구들을 부를 때 사용하는 호칭을 정리한 도표. 아내는 남편의 남동생을 '도련님', '서방님'이라고 부르는 반면 남편은 아내 남동생에게 '처남'이라고 부르면 된다. 그래픽=용환오 기자

"여성이 결혼 후 불러야 하는 호칭 개선을 청원합니다"

청와대 홈페이지 청원 및 제안 게시판에 '여성이 결혼 후 불러야 하는 호칭 개선을 청원합니다'는 글이 올라와 있다. 해당 글은 2만 명에 육박하는 지지를 받으면서 호칭을 개선해야 한다는 목소리에 힘이 실리고 있다.

■ "시댁 호칭에만 대부분 '님'자"

청원글 게시자는 "여성 결혼 후 시댁에서 호칭은 대부분 '님'자가 들어간다. 심지어 남편의 결혼하지 않은 여동생과 남동생은 '아가씨'와 '도련님'이라고 부른다"며 "그러나 남성이 결혼 후 처가의 호칭은 '님'자가 없고 장모, 장인, 처제, 처형"이라고 문제를 제기했다.

지난 2012년 국립국어원이 발표한 '표준언어예절'에 따르면 아내는 남편의 누나, 여동생에게 '형님', '아가씨'라고 불러야 하는 대 비해 남편은 아내의 언니, 여동생에게 '처형', '처제'라고 칭하면 된다. 아내는 남편 남동생에게 '도련님' 또는 '서방님'이라고 해야 하지만 남편은 아내 남동생에게 '처남'이라고 말하면 된다. 도련님, 아가씨는 종이 상전을 높여 부르던 호칭으로, 여자는 시댁의 종과 같다는 암묵적 인식이 깔려 있다는 지적이다.

따라서 많은 네티즌들이 호칭 개선을 촉구하고 있다. 한 네티즌은 "구조적, 언어적 차별이며 인지적으로 남녀차별로 이어지는 만큼 언어 속 성평등을 이뤄나가야 한다"고 했고 "집조차 '시댁', '처가'라고 한다"며 남편 집과 아내 집의 호칭에도 차이가 있다고 지적하는 네티즌도 있었다. 시댁의 '댁'은 남의 집이나 가정을 높여 부르는 말인 반면 처가의 '가'는 같은 호적에 들어 있는 친족 집단을 이르는 말로, 남편의 가족만 높이고 있다는 것이다.

■ 국립교육원 실태조사 중.. "시대 맞게 호칭 바꿔야"

국립국어원은 현재 언어예절에 대한 실태조사를 진행하고 있으며 그 결과를 토대로 문제점을 분석, 내년부터 부분 개선에 나설 계획이라는 입장을 내놨다.

국립국어원 관계자는 15일 "언어예절 실태조사 결과가 올 연말에 나오는데 실제 언어 사용자들의 불만이나 불편을 파악하는 중"이라며 "조사결과를 토대로 개선할 부분은 고치고 잘 몰라서 안 쓰는 표현은 홍보작업도 벌일 예정"이라고 말했다.

김현미 연세대 문화인류학과 교수는 과거 가부장제에서는 이 같은 호칭이 사용되는 시대적 배경이 존재했으나 이제는 사회 전반적인 분위기가 달라진 만큼 호칭 역시 새로운 용어로 바뀌어야 한다고 강조했다.

김 교수는 "과거 가부장제에서는 여성이 자신보다 조건이 좋은 남성과 결혼하는 앙혼(仰婚·상향혼)이 일반적이었다. 여성은 출가해 외부에서 온 이방인 개념이었기 때문에 남성 혈족·집안에 대해 과도한 존칭을 사용해왔으나 이제는 시대가 달라졌다"며 "남성, 여성 간의 학력이나 경제적 차이가 많이 완화됐고 더 이상 여성이 이방인으로서 혈족을 잇는 위치로만 있지 않다. 현재 쓰이고 있는 호칭은 관습의 잔재로, 한국 사회가 성평등 사회로 나아가기 위해서는 국가가 적극 나서 이런 용어를 개선, 인식을 바꿀 필요가 있다"고 지적했다.

2 높임법

우리는 청자가 누구냐에 따라 그리고 문장의 주체, 객체를 고려하여 높임법을 구사한다. 서술의 주체가 화자보다 지위나 사회적 위치가 높을 때 서술의 주체를 높이는 주체 높임법을 포함하여, 상대 높임법, 객체 높임법으로 구분된다.

다음의 <생각하기>는 국립국어원(2017.8.30.)의 경어법 개선 홍보동영상(-실게요) 대본이다. 실 언어생활에서 잘못 사용하고 있는 높임 표현을 바로 잡아 보자.

 생/각/하/기

"영수증 받으실게요."는 올바른 표현이 아닙니다.

> 점원: 여기 앉으실게요.
> 손님: (여기 앉으실게요? 자기가 앉겠다는 거야? 나더러 앉으라는 거야?)

> 점원: 한번 걸어보실게요.
> 손님: (걸어 보실게요? 자기가 걷겠다는 거야? 나더러 걸으라는 거야?)

> 점원: 영수증 받으실게요.
> 손님: (받으실게요? 자기가 받겠다는 거야? 나더러 받으라는 거야?)

> 손님: 이보게! 이거 왜 말을 그렇게 하나?
>   앉으실게요는 □□□□
>   걸어보실게요는 □□ □□□
>   받으실게요는 □□□□가 올바른 표현일세.
> 점원: 아하...

"영수증 받으실게요."는 올바른 표현이 아닙니다.
손님을 존중하는 마음으로 부드럽게 "영수증 □□□□."라고 말해 보면 어떨까요?

1. 압존법

압존법은 높여야 할 대상이지만 듣는 이가 더 높을 때 그 공대를 줄이는 어법이다. 전통적으로 가정이나 사제 간처럼 사적이고 친밀한 관계에서만 이를 적용해 왔다.

❶	ㄱ. 할아버지, 아버지가 아직 안 왔습니다.
	ㄴ. 할아버지, 아버지가 아직 안 오셨습니다.

압존법에 따르면 바른 표현은 ㄱ이고, ㄴ은 틀린 표현이다. 그러나 오늘날에는 가정에서도 이를 따르지 않고 조부모 앞에서도 부모를 높이는 것을 표준 언어 예절로 다루고 있다. 여기서 더 나아가 교육적 차원에서 조부모가 손주에게 이를 때, 아이들의 부모를 존대하는 다음의 표현도 허용하고 있다.

❷	ㄱ. 철수야, 아버지/어머니 좀 오라고 해라.
	ㄴ. 영희야, 아버지/어머니 좀 오시라고 해라.

한편, 가정에서와 달리 직장과 같은 공적인 장소에서는 압존법이 적용되지 않는다. 즉 누구에게든 자신의 상급자에 대해서도 높여 말하는 게 옳다. 직장에서의 올바른 표현은 ㄱ이고, ㄴ은 틀린 표현이다.

❸	ㄱ. 부장님, 과장님이 일찍 퇴근하라고 말씀하셨습니다.
	ㄴ. 부장님, 과장님이 일찍 퇴근하라고 말했습니다.

2. 사물존대법

사물존대법이 우리말 높임법의 한 부류인 듯하다. 그러나 이는 주로 서비스업에 종사하는 사람들이 고객을 존대하려는 의도에서 사용하는 잘못된 표현이다.

| ① | ㄱ. 커피 나오셨습니다.
ㄴ. 가격은 5만원이십니다. / 고객님, 맞는 사이즈가 없으십니다. |

어법적으로 ㄱ～ㄴ의 서술어는 주체 높임의 선어말어미 '-시-'와 상대 높임의 '합쇼체'가 사용되었다. 그런데 '나오다'와 '5만원이다', '없다'의 주체는 '커피'와 '가격' 그리고 '사이즈'로 높임의 대상이 될 수 없다. "환불이 안 되십니다, 제품이 품절이십니다." 등도 잘못이다. 따라서 이 문장들은 다음과 같이 수정해야 한다.

| ② | . |

우리말에는 화자가 높여야 할 주체의 신체 일부 또는 소유물, 착용 의상 등을 높임으로써 상대를 높여주는 방법이 있다. 이를 '간접 높임법'이라 한다.

| ③ | ㄱ. 어머니는 손이 고우세요.
ㄴ. 교수님, 오늘 넥타이가 멋지십니다. |

ㄱ과 ㄴ의 서술어 '고우세요, 멋지십니다'의 주어는 '손, 넥타이'이다. 그러나 '손'은 화자가 높여야 할 '어머니'의 신체 일부이며, '넥타이'는 '교수님'의 소유물 또는 착용 의상이기에 높임의 대상이 된다.

3. '님'과 '당부'의 쓰임

우리말 '-님'은 높임과 관련하여 다음 두 가지의 기능을 지니고 있다.

| ① | -님[접사] 1. '높임'의 뜻을 더하는 접미사. 2. '그 대상을 인격화하여 높임'의 뜻을 더하는 접미사. 3. 그 대상을 높이고 존경의 뜻을 더하는 접미사. |

226

② 님[의존명사] (사람의 성이나 이름 다음에 쓰여) 그 사람을 높여 이르는 말. '씨'보다 높임의 뜻을 나타낸다.

역사적으로 '-님'은 높임의 의미를 더하는 접미사로 기능하며 '선생님, 사장님, 국장님' 등과 같이 직급 뒤에만 결합하였다. 그런데 병원이나 은행, 백화점, 관공서 등에서 손님을 함부로 낮출 수 없어 두루 높인다는 취지로 사람의 성이나 이름 뒤에 '님'을 붙인 호칭을 사용하기 시작하면서 의존명사 '님'의 기능이 사전에 추가되었다. 이와 관련한 찬반의 신문기사를 읽어 본 후, 각자의 생각을 정리해 보자.

'님'이 결합하는 말 중 직장에서 흔히 쓰는 표현에 '사장님실, 부장님실, 원장님실' 등이 있다. '사장실, 부장실, 원장실'의 표현이 다소 예의에 어긋난다는 생각에 명사와 접미사 '-실' 사이에 높임의 접미사 '-님'을 넣어 사용하는 듯하다.

그러나 실제 언어생활에서 '사장실, 부장실, 원장실'은 예의에 어긋난 표현이 아니다. 왜냐하면 특정한 누군가를 가리키지 않기 때문에 '김 사장실, 이 사장실'의 표현이 불가능하다. 또한 사장이 공석이어도 '사장실'은 존재할 수 있다(학교에 '교장실'은 있어도 '교장님실'은 없다).

그런데 뒤에 오는 말이 접미사 '-실'이 아닌 명사가 올 경우에 자기보다 윗사람인 경우에는 '사장님 방, 원장님 아들'과 같이 '-님'을 넣어 불러야 한다.

높임법과 관련하여 아랫사람이 윗사람에게 표현하거나 쓰지 말아야 하는 말이 있다. 그 대표적인 표현이 '수고하세요'와 '당부'가 아닐까 한다(인사말 '수고하세요'는 다음 절에서 다루기로 한다).

'말로 단단히 부탁함. 또는 그런 부탁'의 의미를 갖는 '당부'는 부탁의 강도가 강한 경우에 쓰는 말이다. 대화의 본질과 원리에서 살핀 바와 같이 원만한 인간관계를 위해서는 상대에게 부담을 주는 표현을 최소화해야 한다. 하물며 윗사람에게 부담이 되는 일을 강하게 요구하는 것은 예의에 어긋난다. '당부'를 대신할 수 있는 표현은 뜻풀이에 있는 '부탁' 또는 '부탁드리다'가 적절하다.

김철수 부장을 철수님이라 불러보았다, 그랬다가… 님을 버린 기업들

- 김혜주, 조선일보, 2018.01.30.

- 상사를 어떻게 부를까
  창의적 분위기·소통 위해서 직급 대신 님이나 매니저로 불러

- 님이라 부르지 마오
  영업이나 타부서와 소통 힘들고 위계 중시 한국에선 적용 어려워
  직급 따라 책임지는 옛날이 나아… KT·포스코 등 호칭 다시 '유턴'

- 님을 찾는 기업들
  SKT·LG유플러스는 님으로 불러… 눈치 안보고 협업할 때 긍정적

올해부터 SK텔레콤과 LG유플러스가 임직원 직급과 상관없이 호칭을 '님'으로 부르는 '호칭 파괴' 제도를 도입했다. SK하이닉스도 다음 달 일부 부서에 시범적으로 호칭을 통일하는 제도를 적용할 계획이다. '부장님', '차장님'과 같은 직급 호칭이 자연스러웠던 대기업에서 '자유로운 의사소통으로 창의적인 회사를 만들겠다'는 취지의 호칭 파괴 바람이 부는 것이다. 직급과 무관하게 '님'이나 '매니저'로 서로를 부르는 호칭 제도는 그동안 인터넷·게임 기업이나 외국계 기업에서 주로 시행했다.

하지만 세대 간 위계가 존재하는 한국의 기업 문화에 적용이 쉽지 않다는 의견도 있다. 실제 KT·포스코·한화케미칼은 호칭 파괴를 도입했다가 오히려 소통과 동기부여에 어려움을 겪으면서 다시 직급제를 부활시키고 '유(U)턴'했다.

◇ '부장님', '대리님' 말고 모두 '님'으로

SK텔레콤·LG유플러스는 요즘 사장과 임원을 비롯한 전 직원이 서로를 부를 때 이름 뒤에 '님'자를 붙이고 있다. 박정호 SK텔레콤 사장이나 권영수 LG유플러스 부회장을 지칭할 때도 '박정호님', '권영수님'이라고 부르는 식이다. 상품과 서비스가 다양해지고 부서·팀 간 협업할 일이 많아지는 상황에서 '호칭 파괴'는 직원들이 동등한 입장에서 의사소통할 수 있는 게 장점이다.

SK텔레콤 마케팅 부서 김모(32)씨는 "상품을 기획할 때 법무·디자인·유통망 등 20여개의 팀과 협업해야 한다"며 "상대방의 연차와 나이를 고려하지 않고 대등한 입장에서 자료를 요구하고 받을 수 있어 좋다"고 말했다.

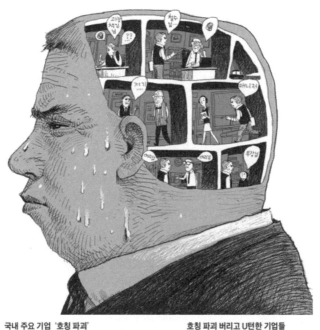

국내 주요 기업 '호칭 파괴'			호칭 파괴 버리고 U턴한 기업들	
CJ·아모레퍼시픽·SK텔레콤·코웨이·LG유플러스·네이버·엔씨소프트	▶	이름 뒤 '님'	KT	매니저 → 사원·대리·과장·차장·부장
SK하이닉스	▶	'님' 으로 할지 '매니저' 로 할지 고심	포스코	매니저·팀리더·그룹 → 대리·과장·차장·부장
카카오	▶	영어 이름	한화케미칼	매니저 → 대리·과장·차장·부장

자료=각 사

SK하이닉스는 지난 2011년 '사원 · 대리 · 과장 · 차장 · 부장' 다섯 단계 직위를 '사원 · 선임 · 책임 · 수석' 네 단계로 단순화한 데 이어 다음 달부터 경영 지원 부서를 중심으로 호칭을 하나로 통합하는 제도를 시범 운영한다. 통합 호칭을 '님'이라고 할지 '매니저'로 할지는 아직 결정하지 않았다. SK하이닉스 관계자는 "R&D(기술 개발)나 제조 부서와 공동 프로젝트를 수행할 때 직급 눈치 안 보고 긍정적인 대립을 할 수 있는 것은 긍정적"이라고 말했다.

직위에 상관없이 호칭을 '님'으로 부르게 하는 제도는 2000년 국내 대기업 CJ가 처음 도입했다. 이후 구글 · 페이스북 등 창의적 아이디어를 위해 수평적인 조직 문화를 구축한 미국 실리콘밸리의 기업 문화가 유행처럼 번지면서 아모레퍼시픽 · 코웨이 · 엔씨소프트 · 네이버 등도 잇따라 도입했다.

◇ 'U턴'한 기업들, "옛날이 좋았다"

하지만 호칭 파괴를 도입했다가 이를 폐지하고 기존 직급 체계로 돌아온 대기업들도 많다.

한화케미칼은 2012년 차장 · 과장 · 대리 등 부장 이하 직원들의 호칭을 모두 '매니저'로 통일했지만, 3년 만인 지난 2015년 다시 변경 전 제도로 바꿨다.

229

한화케미칼 관계자는 "다양한 토론이 가능하고 신속한 의사 결정에 도움이 될 것으로 기대했지만, 현실적인 문제가 많았다"고 말했다.

불명확한 직급 체계로 인해 오히려 다른 부서, 외부 기업과의 소통에 어려움을 겪었다는 것이다. 한화케미칼 영업팀 정모(32) 대리는 "석유화학 업계에서 잘 쓰지 않는 '매니저'라는 호칭은 외부 영업을 할 때 거래처에서 매우 생소해했다"고 말했다. 포스코 역시 2011년 매니저·팀 리더·그룹 리더로 단순화했던 직급을 지난해 기존 체계인 대리·과장·차장·부장 직급으로 되돌렸다. 포스코 관계자는 "직급에 따라 책임과 권한이 명확하게 하는 게 더 효율적이고 의사 결정도 빠르다"고 말했다.

KT도 지난 2009년 도입한 호칭 파괴 제도를 2014년 부활시켰다. 직급·호칭이었던 '매니저'를 없애고 사원·대리·과장·차장·부장 5단계 직급과 호칭을 다시 도입했다. 직급이 있어야 직원들의 자부심이 높아지고 업무 성과에 기반한 보상이 가능해진다는 게 이유였다. 지난해 말 승진한 박모(33) 과장은 "직장인들에게 연봉과 승진만한 동기부여는 없다"고 말했다.

연세대 경영학과 이무원 교수는 "스타트업(초기 창업 기업)이나 인터넷 기업에서는 서로 연령대가 비슷한 젊은 사원들이 많기에 호칭 파괴 제도가 자리를 잡지만, 연령대 분포가 다양한 대기업에서는 이런 제도가 쉽게 정착되기 어렵다"며 "호칭 파괴는 하나의 수단일 뿐이며 창조적인 의견을 반영할 수 있는 의사 결정과 평가·보상 시스템이 중요하다"고 말했다.

➡ '읽기 자료' 기사에 대한 댓글 달기(100자)

👤	김○○(hk***)	좋아요!

	김○○(hk***)	싫어요!

■ 더 알아보기

　외솔 최현배 선생만큼 '님'을 즐겨 쓰신 분은 안 계실 것이다. 논문에서 남의 글을 인용할 때나 비판할 때는 '이님, 이××님'이라 쓰는 것은 말할 것도 없고 공식석상에서 연구발표를 하실 때도 시종여일(始終如一) '님'을 붙여 쓰시던 일이 어제런 듯 새롭다. 그러나 사사로운 대화에서는, 필자가 아는 한, '님'을 쓰지 않고 '씨'를 쓰던 일이 기억난다. (중략) '님'이 사람이름 아래 쓰이면 그 용법이 국한되고 더욱이 말투에서 쓰이지 않는 일은 그것이 다분히 인위적으로 만들어진 말씨임에 말미암는다고 생각된다. 우리의 옛 한글문헌을 들추어 보아도 성명 아래 '님'을 붙여서 높임의 뜻을 나타내는 일은 없었다.

- 고영근(1996:25-26)

3 　잘못된 언어 예절

　우리가 흔히 사용하는 말 중에는 어법에 맞지도 않고 언어 예절에도 맞지 않는 표현들이 꽤 있다. 그 대표적인 몇 가지 사례만 들어 보기로 한다.

1. 　인사말

　누구를 만나거나 헤어질 때 하는 인사말 중 '행복하세요, 건강하세요, 좋은 하루 되세요, 즐거운 명절 되세요.' 등은 올바른 표현이 아니다. '수고하세요'는 주의해야 한다.

❶	· 형용사는 명령형, 청유형의 활용이 불가하다. · '행복하다'와 '건강하다'의 품사는 형용사이다. → 행복하세요 → → 건강하세요 →
❷	· 좋은 하루 되세요 : ˚청자(사람) = 하루 · 좋은 명절 되세요 : ˚청자(사람) = 명절 → 좋은 하루(명절) 되세요 →

❸	· 수고[명사] 일을 하느라고 힘을 들이고 애를 씀. 또는 그런 어려움. · 윗사람이 아랫사람에게 쓰는 말. ↪· (윗사람→아랫사람) → (아랫사람→윗사람) →

2. 건배사

우리 술 문화에는 건배의 관습이 없었다. 그러던 것이 서구 문화의 영향으로 잔을 부딪치는 일이 많아지면서 멋있고 의미 있는 건배사가 필요하게 되었다.

지금껏 널리 알려진 건배사로는 '위하여', '건배' 등이다. 지난 2018 평창 동계올림픽 해단식의 건배사는 '영미'였다(도종환 문화체육관광부 장관은 "어제 폐회식 직후 IOC와 외신의 호평을 받았다. 기분이 좋아 건배사로 '영미'를 외쳤다고 말했다).

직장인이라면 톡톡 튀는 건배사 한두 개쯤은 알고 있어야 사회생활이 가능할 정도이다. 예를 들면, '사이다: 사랑을 이 술잔에 담아, 다함께 원 샷!, 오징어: 오래도록, 징그럽게, 어울리자!, 마무리: 마음먹은 것은, 무엇이든, 이루자!' 등의 건배사는 각각 나름의 좋은 의미를 담고 있다.

그러나 국립국어원의 표준 언어 예절에 따르면, 건배사로 '○○을/를 위하여-위하여', '지화자-좋다', '건배-건배', '축배-축배'를 사용할 수 있다. 이 중, 건배사 '위하여'는 무엇을 위하는 것인지를 분명히 밝혀 사용하도록 하고 있다. 그 무엇은 장소와 상황에 어울리는 말(회사의 발전을 위하여, 모두의 건강을 위하여, 회장님을 위하여 등)이면 충분하다.

 상황에 따른 자신만의 특별한 건배사를 만들어 보자.
·
·
·

3. 새해 인사

집안에서 친척, 친지에 대한 신년 인사는 세배라는 형식을 통해서 하게 된다. 이때 많은 사람들이 절하겠다는 의사 표시로 웃어른에게 "아버님/어머님, 절 받으세요.", "앉으세요." 하는 버릇이 있다. 그리고 세배를 하면서 "새해 복 많이 받으십시오."를 덧붙인다. 여기에 문제는 없는 것일까?

모두 잘못된 행동이다. 먼저 세배하기 전에 웃어른에게 명령조로 말하는 것은 예의가 아닐뿐더러 웃어른의 기분을 상하게 할 수도 있다. 따라서 어른들이 절 받을 준비가 되었을 때 아무 말 없이 절을 올리면 된다. 세배는 원칙적으로 절하는 그 자체가 인사이기 때문에 특별한 말을 할 필요가 없다. 절로 인사를 대신 한 것이며 어른의 덕담(어른이 아랫사람에게 하는 정형화된 덕담은 '새해 복 많이 받게.', '소원 성취하게.'이다. 이 밖에 상대방의 처지에 맞는 덕담을 할 수 있다. 옛날에는 결혼하지 않은 사람에게 '자네 올해 결혼했다지.' 하고 이미 이루어진 일인 것처럼 말했다지만 오늘날에는 '자네 올해는 결혼해야지.' 정도로 덕담을 하는 것이 좋다.)이 있기를 기다리면 된다.

세배할 때 아랫사람이 먼저 덕담을 하는 것도 예의가 아니다. 덕담은 기본적으로 윗사람이 아랫사람에게 하는 것으로, 절을 한 뒤에 어른의 덕담이 곧 이어 나오지 않을 때나 덕담이 있은 뒤에 어른께 말로 인사를 할 수 있다. 이때 "과세 안녕하십니까?" 정도가 좋다. 이밖에 상대방의 처지에 맞게, 이를테면 "올해는 두루두루 여행 많이 다니세요."나 "올해는 테니스 많이 치세요."와 같은 기원을 담은 인사말을 할 수 있다. 요즈음 건강에 대한 관심이 높아져서 윗사람에게 건강을 비는 인사를 많이 하는데 이때 듣는 이의 기분을 해치지 않도록 조심해야 한다. 건강을 비는 말이 오히려 듣는 이에게 '내가 벌써 건강을 걱정해야 할 만큼 늙었나?' 하는 느낌을 가지게 할 수 있기 때문이다. 특히 "만수무강하십시오."나 "오래오래 사세요." 같은 인사말은 말하는 사람의 의도와는 달리 어른에게 서글픔을 느끼게 할 수 있는 말이므로 안 쓰는 것이 좋다(국립국어원, 2001:275).

233

마당 나오기

◎ 우리말은 호칭어와 지칭어가 발달한 언어이다. 그런데 시대와 사회가 바뀌면서 많은 사람들이 이의 사용에 어려움을 겪고 있다.

◎ 국립국어원은 일상생활에서 겪는 호칭어, 지칭어 등에 대한 혼란과 어려움을 덜기 위해 2011년 '표준 언어 예절' 지침서를 펴냈다.

◎ 우리말의 어법, 특히 높임법 규칙에 맞는 언어생활을 하도록 노력해야 한다.

1. 다음은 표준국어대사전의 '서방'과 '서방님'에 대한 뜻풀이 중 일부이다. 표준 언어 예절에서는 이를 남편의 호칭어에서 제외하였다. 그 이유를 생각해 보자.

■ 서방[명사]
1. '남편1'(1. 혼인을 하여 여자의 짝이 된 남자를 그 여자에 상대하여 이르는 말)을 낮잡아 이르는 말. 2. 성에 붙여 사위나 매제, 아래 동서 등을 이르는 말.

■ 서방-님[명사]
1. '남편1'(1. 혼인을 하여 여자의 짝이 된 남자를 그 여자에 상대하여 이르는 말)(男便)의 높임말. 2. 결혼한 시동생을 이르거나 부르는 말. 3. 손아래 시누이의 남편을 이르거나 부르는 말.

2. 다음 사례에서 최종 합격자는 누구였을까? 그 이유를 생각해 보자.

신입 사원 1명을 선발하는데, 최종 면접에 2명의 후보가 올라왔다. 여러 모로 우열을 가리기 어려운 상황에서 면접을 마치고 나가는 두 사람의 인사말이 달랐다. 여러분이 심사위원이었다면 누구를 합격시키겠는가?

■ 면접자1: 수고하세요.
■ 면접자2: 고맙습니다.

언어 에세이(2)

마당 열기

인간이 만물의 영장이 될 수 있었던 것은 '언어' 구사 능력과 '사고' 능력을 지녔기 때문이다. 언어와 사고는 떼려야 뗄 수 없는 관계임을 앞서 살펴보았다.

> 언어가 만들어지면서 인간은 마음속 생각을 말로 표현하기 시작했고, 그것이 생각이 되었다. 그리고 그 생각이 도구의 혁신으로 이어져 자연계에서 우위를 점하게 되고 그 힘을 바탕으로 문명을 형성하게 되었다.
>
> - 케빈 캘리(Kevin Kelly)

인간의 언어와 사고의 힘은 크다.

그러나 현재와 미래 사회는 인간이 언어와 사고로부터 멀어지는 방향으로 진화하고 있다. 최첨단의 과학기술 혁명이 인간에게 편리하고 물질적으로 풍요로운 삶을 가져다주면서 인간은 더 이상 정보를 기억할 필요도 없고 사고할 필요도 느끼지 않는다. 우리가 기억하고 사고할 것을 '스마트폰, 개인용 컴퓨터, 태블릿 PC, 내비게이션, AI' 등이 대신하고 있다.

현대인은 생각을 하지 않는 사회에 살고 있다. 혹자는 이런 결과로 인간이 뇌를 상실하게 된다는 무서운 진단을 내리고 있다.

언어의 사멸은 함께하는 공동체 사람들의 삶과 그 속에 담긴 문화 그리고 그 언어를 사용하던 환경도 사라지게 하며, 우리의 생각도 멈추게 할 것이다.

> "내가 아는 세상의 한계는 곧 내가 갖고 있는 언어의 한계"
>
> - 루드비히 비트겐슈타인(Ludwig Wittgenstein)

● 한 줄 생각: _____

마당 들어가기

1 인간과 언어

다음의 <읽기 자료>는 인간의 진화와 개인의 성공이 언어를 통한 협업에 있음을 밝히고 있다. 아래 기사를 읽고 우리가 갖추어야 할 역량에 대해 한번 생각해 보자.

사피엔스는 틀렸다, 진화의 끝은 AI?

- 윤석만, 중앙일보, 2017.09.30.

지난 회에선 완벽하고 매력적인 휴머노이드 '아니타'가 주인공인 영국 드라마 '휴먼스'를 소개해 드렸죠. 이번엔 그 이웃나라인 프랑스의 소설 '개미'로 이야기를 시작해 보려고 합니다. 베르나르 베르베르가 쓴 '개미'는 새로운 도시를 건설하는 병정개미와 여왕개미의 스토리가 이야기의 한 축입니다. 소설 속에서 개미는 사람들처럼 사회가 있고 각자의 역할과 임무를 맡아 공동체를 지탱합니다.

전 세계적으로 수천 만 부가 팔린 이 책에서 가장 재밌는 점은 개미도 인간만큼 정교하고 잘 짜인 문명을 갖고 있다는 점입니다. 실제로 개미의 생태를 보면 인간이 배워야 할 것도 많습니다. 개미는 약 1억2000만 년 전 지구에 나타나 고도로 조직화 된 사회구조를 만들며 지금까지 생존해왔습니다. 그 때문에 베르베르는 지구의 주인은 인간이 아니라 개미라고 말하기도 하죠.

지구상에는 약 1만 여 종의 개미가 존재합니다. 대멸종과 같은 극한의 상황에도 적응하고 살아남았죠. 이런 생존의 열쇠는 바로 '협업'에 있습니다. 열대지방의 어떤 개미는 여왕과 새끼를 보호하기 위해 일반 개미들이 서로의 몸을 연결해 보호막을 만들고 외부의 열기와 공격으로부터 보호합니다. 제 몸집의 수백, 수천 배에 달하는 먹잇감을 옮기기 위해 수십 마리의 개미가 마치 한 몸처럼 움직이기도 하죠.

사막의 개미는 한 낮에 더위를 견디지 못한 동물들을 먹이로 삼는데, 먹이의 운반 과정이 예사롭지 않습니다. 먹잇감을 먼저 발견한 첫 번째 개미가 먹이를 옮기다 사막의 고온을 견디지 못하고 죽으면 두 번째, 세 번째 주자가 나섭니다. 몇 번의 이어달리기 끝에 최종적으로 먹잇감이 집으로 운반되죠. 개미는 개체가 아닌 공동체로 환경에 적응했기 때문에 지구 역사상 가장 오래 생존한 동물이 될 수 있었습니다.

인간도 개미와 같은 집단생활을 통해 지금 같은 문명을 이룩할 수 있었죠. 다른 점 한가지는 인간은 스스로 자신의 정확한 진화적 이유를 깨닫고 있지 못하다는 겁니다. 아직도 인간은 자신이 가장 지능이 높고 똑똑한 존재이기 때문에 지구의 주인 노릇을 하고 있다는 착각을 하고 있죠. 현생 인류를 똑똑하다는 뜻의 라틴어 '사피엔스(sapiens)'로 부르는 것도 이 같은 편견을 부추긴 이유입니다.

그렇다면 인간이 만물의 영장이 된 건 지능이 높아서가 아니었다는 말이냐고요? 물론 꼭 그런 건 아닙니다. 다만 진화의 결정적 이유는 여러 가지가 있는데 단지 똑똑함만이 현생 인류를 지금의 위치로 올려놓은 건 아니라는 뜻입니다. 우리는 그 증거를 과거 네안데르탈인과 사피엔스가 동시대에 살았던 과거의 역사에서 실마리를 찾아볼 수 있습니다.

대략 3만5000년 전쯤 유럽 대륙에선 인류 역사의 큰 전환점이 있었습니다. 당시 유럽을 지배하고 있던 네안데르탈인이 멸종하게 된 것인데요. 이는 현생 인류인 호모 사피엔스 때문이었습니다. 아프리카 태생인 사피엔스는 7만 년 전부터 자신의 집을 떠나 세계 곳곳으로 이주하기 시작했는데 이때쯤 많은 사피엔스가 유럽 대륙에 정착을 합니다.

그러나 이곳엔 이미 네안데르탈인이 오랜 시간 살고 있었죠. 생김새부터 다른 네안데르탈인은 북쪽의 추운 기후에 적응해 상체는 근육이 발달해 있었고 열손실을 최소화하기 위해 다부진 체격을 가졌습니다. 반면 따뜻한 남쪽에서 올라온 사피엔스는 상대적으로 호리호리한 체형이었죠. 아마 두 종이 1대 1로 맞붙었다면 피지컬 면에서 뛰어난 네안데르탈인이 이겼을 겁니다.

하지만 두 종간에 벌어진 전쟁의 결과는 달랐습니다. 이들이 함께 공존했던 약 3000년 정도의 시간이 지나고 네안데르탈인은 지구상에서 자취를 감추고 맙니다. 중동지역과 동아시아에 퍼져 있던 데니소바인, 플로네시스인 등도 사피엔스와의 경쟁에 뒤처져 역사의 뒤안길로 사라졌습니다. 그렇다면 네안데르탈인을 비롯한 다른 인류의 종은 왜 멸종했을까요.

지금까지의 오랜 통념은 사피엔스가 네안데르탈인보다 더욱 똑똑했기 때문이라는 것이었습니다. 그런데 최근의 인류학 연구 흐름을 살펴보면 '똑똑함'만이 사피엔스의 승리 이유는 아닙니다. 단적으로 근래에 발견된 네안데르탈인의 유골을 분석해보면 뇌의 용적량이 1400cc(성인 남성 기준)로 현대인(1370cc)보다 오히려 큽니다. 이전 종인 호모 에렉투스(935cc)나 오스트랄로피테쿠스(494cc)보다 월등히 앞서죠. 즉, 네안데르탈인도 사피엔스처럼 높은 지능을 갖고 있었다는 이야깁니다.

고고학의 권위자인 네덜란드 레이든 대학의 윌 로브로크 교수는 "네안데르탈인은 부싯

돌로 도구를 만들고 사냥기술도 뛰어날 만큼 지능이 발달해 있었다"고 말합니다. 2014년 8월 영국의 일간신문 '가디언'도 '네안데르탈인은 우리와 공존했다'는 기획보도를 통해 당시 네안데르탈인이 사피엔스에 못지 않은 지능을 갖고 있었다고 보도했습니다.

그렇다면 네안데르탈인은 왜 사피엔스와의 경쟁에서 밀렸을까요? 우리는 과학기술의 발달을 통해 그 해답을 얻을 수 있었습니다. 불과 얼마 전까지만 해도 우리는 동굴에서 발견된 유골과 생활 흔적 등을 비교해 두 종간의 차이점을 유추했습니다. 그러나 유전공학의 발달로 DNA 지도를 그려보니 네안데르탈인과 사피엔스 사이의 결정적인 차이점을 발견할 수 있었습니다.

바로 언어와 사회성입니다. 이 둘을 관할하는 뇌의 전두엽이 사피엔스가 월등하게 발달해 있던 거였죠. BBC가 제작한 네안데르탈인 다큐멘터리를 보면 언어와 사회성은 사냥방식에서도 큰 차이점을 드러냅니다. 네안데르탈인은 직접 들소를 쫓아가 창을 꽂아 사냥을 했습니다. 그러나 사피엔스는 언어를 통해 소통하고 협업을 했죠. 누군가는 들소를 몰고, 누군가는 미끼가 돼 유인하며, 또 누군가는 큰 바위나 나무 뒤에 숨어 있다 창을 던졌습니다.

이처럼 사피엔스가 네안데르탈인을 이길 수 있었던 이유는 '협업' 때문입니다. '공동체'라는 경쟁력을 만들어낸 거죠. 집단에서 나오는 협동의 힘이 다른 종과 싸움에서 우위를 가지게 했고 결국엔 지구의 주인 노릇까지 할 수 있던 겁니다. 세계적인 역사학자 유발 하라리도 "사피엔스는 정교한 언어와 협업을 통해 지식을 축적할 수 있었고 이를 통해 오늘과 같은 문명을 이룩했다"고 말합니다. 자연에서 한 개체로서의 인간은 어린 맹수 한 마리도 상대하지 못할 만큼 약하지만 '공동체'란 경쟁력을 만들어내면서 지금은 지구 밖까지 우주선을 쏘아 올릴 수 있는 존재로 우뚝 섰습니다.

결국 현생 인류의 가장 큰 강점은 똑똑하다는 것이 아닙니다. 반대로 이는 매우 위험한 생각이기도 합니다. 이미 많은 영역에서 AI가 인간을 압도하는 상황에서 진화의 열쇠가 단순히 지능뿐이었다면 특이점(AI가 인간의 지능을 뛰어넘는 시점) 이후 시대엔 지구의 주인 자리를 AI에게 내줘야 합니다. 그러나 1억년 이상 살아남은 개미에서 보듯 인간이 지구의 주인 노릇을 할 수 있던 건 사회라는 공동체를 만들고 그 안에서 협업을 했기 때문입니다. 개체의 생존이 아니라 집단의 공존이 중요한 이윱니다.

그러나 우리 사회를 한번 살펴볼까요. 한국의 학생들은 세계 그 어떤 나라보다 똑똑합니다. 올림피아드 등 대회에서 늘 최상위권을 차지하죠. 그런데 유독 팀워크와 협동엔 약합니다. 실제로 한국교육과정평가원이 선진국과 한국 학생들의 시민성을 조사해보니 우리가 유독 낮게 나왔습니다. "사회생활에 필요한 질서와 규칙을 배우고 실천한다"는 질문에 프랑스(63%)와 영국(53%)은 절반 이상이 그렇다고 대답했지만 한국은 18%에 불과했습니다. "타인을 이해하고 존중하는 걸 배우고 실천한다"는 물음에는 프랑스·영국(60%)의 4분의 1 수준(16%) 밖에 안 됐죠.

하지만 미래 사회는 혼자서만 똑똑한 것보다 다양한 개성이 함께 어우러져 시너지를

239

만들어 내는 능력이 필요합니다. 4차 혁명의 첨단에 서 있는 구글이 대표적입니다. 구글은 매년 전 세계에서 300만 명이 입사 지원을 하고 이중 0.2%만 채용되는 세계적인 기업입니다. 10번이 넘는 면접을 거쳐야 하며, 매번 다른 질문과 평가로 지원자를 심사하죠.

그런데 구글에 들어가기 위한 첫 번째 조건은 '협업'할 줄 알아야 한다는 겁니다. 한국인 최초로 구글 본사의 책임자로 일하는 이준영(46)씨는 "아무리 똑똑해도 팀워크가 없으면 구글러가 될 수 없다"고 말합니다. 다보스포럼도 2016년 미래 사회에 필요한 핵심 능력 중 하나로 '협업'을 제시하기도 했죠. 이처럼 앞으로의 사회에선 내가 원하는 직장을 얻고, 성공하기 위해선 '협업' 능력이 필수란 이야깁니다.

그렇다면 우리 사회의 기준도 이제는 달라져야 하지 않을까요. 성적과 스펙 등 개인의 똑똑함만을 강조해 이기심으로 똘똘 뭉친 아이를 키우는 교육을 이젠 그만 해야 합니다. 대신 타인을 배려하고 함께 어울릴 수 있는 인재를 양성하는 일에 힘을 쏟아야 하죠. 개인의 욕망과 이기심만을 키울 게 아니라, 공동체의 이익과 공공선을 조화시킬 수 있는 능력도 함께 길러야 한다는 거죠. 어린 시절 우리가 자주 듣던 말처럼 "배워서 남 주냐?"고 되물을 게 아니라, 정말 "배워서 남에게 줄 수 있는" 그런 사회가 오길 기대해 봅니다.

---

2 언어 에세이(2)

다음 마이크 저지 감독의 영화 "이디오크러시"(2006)를 감상한 후 아래의 활동을 해보자.

① 동영상 감상

이디오크러시(Idiocracy, 2006)
모험, 코미디, 판타지 | 84분 | 미국
감독 마이크 저지
출연 루크 윌슨, 마야 루돌프, 댁스 셰파드, 테리 크루즈

② 동영상 내용 정리

마당 나오기

※ <읽기 자료>(237쪽)에서 '언어'의 의의와 가치를 다시 생각해 보자. 그 후, '이디오크러시'의 시대적 배경인 2500년, 인간이 맞이한 상황에 대해 비판해 보자.
[참고] 윤석만, 「500년 뒤 지구엔 바보만 남는다, 왜」, 『중앙일보』, 2018.1.11.

찾아보기

참고문헌

[단행본 및 논문]

강희숙, 『국어 정서법의 이해』, 역락, 2003.

고영근, 『우리 언어문화의 뿌리를 찾아서』, 한신문화사, 1996.

구현정, 『대화의 기법』, 한국문화사, 1997.

김진호, 『언어학의 이해』, 역락, 2004.

김진호, 『생활 속 글쓰기의 어문 규범』, 박이정, 2012.

박갑수, 『올바른 언어생활』, 한샘출판사, 1994.

스티븐 코비, 『성공하는 사람들의 7가지 습관』, 김경섭 역, 김영사, 2003.

스티븐 핑거, 『언어본능』, 김한영 외 옮김, 동녘사이언스, 2004.

유재원, "국어 순화, 왜 그리고 어떻게 해야 하나", 『새국어생활』, 제15권 제1호, 2005.

이관규 외, 『차곡차곡 익히는 우리말 우리글』1·2, 박이정, 2012.

이경우·김경희, 『화법과 언어생활』, 역락, 2009.

이기주, 『언어의 온도』, 말글터, 2016.

이주행, 『한국어 스피치 커뮤니케이션의 원리』, 동인, 2007.

이창덕 외, 『삶과 화법』, 박이정, 2000.

이창덕 외, 『화법 교육론』, 역락, 2010.

이희승·안병희, 『고친판 한글 맞춤법 강의』, 신구문화사, 1994.

임영환 외, 『화법의 이론과 실제』, 집문당, 1997.

전정례, 『언어와 문화』, 박이정, 1999.

전정례·김형주, 『훈민정음과 문자론』, 역락, 2002.

전정례·허재영, 『얘기 좀 할래요?-대화의 기술』, 건국대 출판부, 2002.

조선일보·국립국어연구원, 『우리말의 예절』, 조선일보사 출판국, 1991.

편집부, 『서울지명사전』, 서울특별시편찬위원회, 2009.

허재영, 『국어 교육과 말글 운동』, 서광학술자료사, 1994.

Grice, H. P., Logic and Convensation, Cloe, P. & Morgan, J L.(egs.), *Syntax and Semantics* 3. *Speech Act*, New York, Academic Press, 1975.

Leech, G., *Principles of Pragmatics*, London, Longman, 1983.

[국립국어원 간행 자료]

국립국어연구원, 『국어 순화 자료집』, 1999.

국립국어연구원, 『언론 외래어 순화 자료집』, 2001.

국립국어연구원, 『국어연구원에 물어보았어요』, 2001.

[신문 및 뉴스 보도]

구자윤, 「아내는 '도련님' 남편은 '처남', 언어 속 성차별」, 『파이낸셜뉴스』, 2017.10.15.

김다영, 「腦사진으로 자살위험군 알 수 있다」, 『문화일보』, 2017.11.02.

김동환, 「외국어는 틀리면 안 돼, 근데 국어는 대충해도 …」, 『세계일보』, 2016.08.27.

김명선, 「외래어·외국어 넘치는 올림픽 중계방송 씁쓸」, 『조선일보』, 2018.02.21.

김성수, 「김성주 후보의 '몽니(?)토론'전술…DY 출마 '흑백논리' 전개」, 『국제뉴스』, 2016.03.28.

김혜주, 「김철수 부장을 철수님이라 불러보았다, 그랬다가… 님을 버린 기업들」, 『조선일보』, 2018.01.30.

문소영, 「'너무'라는 부사」, 『서울신문』, 2015.06.23.

민송기, 「'민송기의 우리말 이야기' 그렇구나」, 『매일신문』, 2013.04.08.

배상복, 「'효과'를 '효꽈'로 발음해도 된다」, 『중앙일보』, 2017.12.26.

백민정, 「JUNG을 JEONG으로? 법원 '여권 영문이름 철자 쉽게 바꿔선 안 돼'」, 『중앙일보』, 2015.11.03.

안준형, 「세계로 미래로-건배사로 본 '금융 2018'」, 『비즈니스워치』, 2018.02.06.

윤석만, 「사피엔스는 틀렸다, 진화의 끝은 AI?」, 『중앙일보』, 2017.09.30.

이경은, 「SK텔레콤, '급식체' 광고로 '시꼴'…"내 폰은 노답클라스, 실화임?"」, 『투데이 신문』, 2018.3.5.

정여울, 「잘못쓰기, 또는 시적 허용의 아름다움」, 『서울경제』, 2018.01.05.

하준호, 「탈북인들 '별난 호칭 사절합니다'」, 『중앙일보』, 2017.09.18.

[동영상 및 블로그]

장세만, 「한강? 한 리버?…로마자 지명 표기 달라진다」, 『SBS 뉴스』, 2012.08.19.
        <http://news.sbs.co.kr/news/endPage.do?news_id=N1001334695&plink=OLDURL>

국립국어원, "KBS 한글날 기획 청소년 욕 사용 실태 보고-고운 입 미운 말", 2011.11.10.

국립국어원, "언어 사용 설명서-YTN 라디오 수도권 투데이", 2014.10.28.

국립국어원, "당신의 언어습관을 기록합니다", 2015.12.16.

국립국어원, "차별적 언어", YTN 라디오, 2015.10.31.

국립국어원, "경어법 개선 홍보-시게요", 2017.8.30.

마이크 저지, <이디오크러시>, 루크 윌슨·마야 루돌프 주연, 2006.

EBS, "언어발달의 수수께끼 2부", 2011.10.25.

EBS, "배움너머-언어의 특성", 2012.06.18. <http://www.ebs.co.kr/tv/show?prodId=10294&dectId=3112749>

JTBC, "한 끼 줍쇼", <이경규·강호동>, 64회(2018.1.3.), 74회(2018.3.21.)

KBS, "한글날 특집 쉿! 욕 없는 교실 만들기", 2012.10.09.

https://blog.naver.com/skyscout/220947484715

http://cafe.naver.com/taoismacademy/7617

http://terms.naver.com/entry.nhn?docId=1624812&cid=47307&categoryId=47307

https://www.youtube.com/watch?v=VHn4RTDa3rY

http://www.seoul.co.kr/news/newsView.php?id=20150624031001

https://sports.news.naver.com/general/news/read.nhn?oid=214&aid=0000657813